집에서 찾아가는
서울의 보물

서울 한양도성 보물집

일러두기
GUIDE

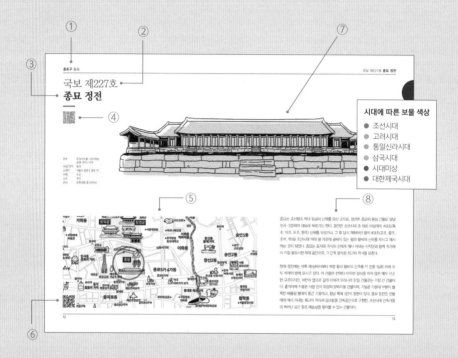

① 소재지

② 지정번호

③ 한글 명칭

④ QR코드
   영어, 중어, 일어 음성 및 설명
   문화재청 국가문화유산포털
   www.heritage.go.kr

⑤ 소재지 지도

⑥ QR코드
   네이버 길찾기

⑦ 일러스트

⑧ 설명글

*본문 내용 출처
본 책에 사용된 정보는 **문화재청 국가문화유산포털** www.heritage.go.kr 을 기준으로 제작되었습니다.
네이버지도 map.naver.com / **구글지도** www.google.co.kr/maps
QR코드 길찾기는 네이버 길찾기 서비스와 연동

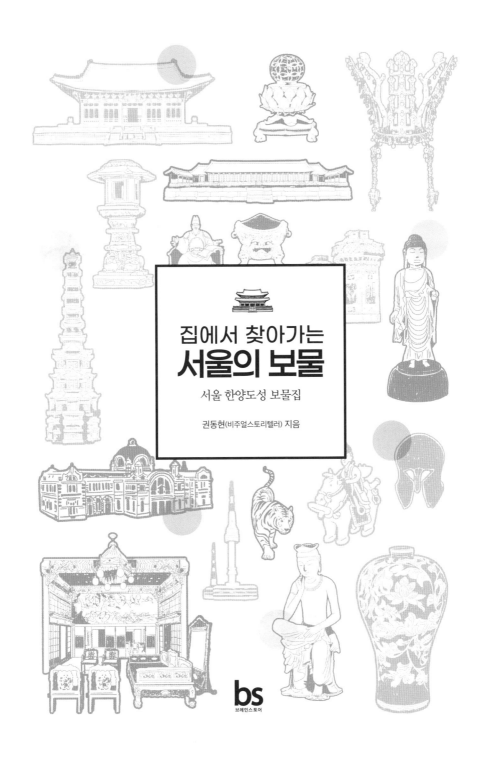

집에서 찾아가는
서울의 보물

서울 한양도성 보물집

권동현(비주얼스토리텔러) 지음

bs
브레인스토어

머리말
PROLOGUE

서울에서 태어나 살면서 서울의 가치를 잘 몰랐던 것 같다. 약 600년간 수도로 자리를 지켜온 서울은 현대적이면서도 오랜 역사를 품고 있다는 것을 말이다. 세계 곳곳에 멋진 도시들이 많지만 서울만큼 과거, 현재, 미래가 공존하며 수많은 보물들을 지키고 있는 도시가 몇이나 될까? 서울의 가치를 깨닫고 나자 보물이 가득한 도시로 보였다. 그리고 이 보물들의 유려한 형태는 텍스트가 아닌 이미지로 보여주기에 좋은 소재임이 분명하여 서울에 있는 보물들을 시각적으로 한 번에 모아보고 싶다는 마음으로 이 책을 작업하게 되었다.

> 서울에 있는 수많은 보물들을 모아서 볼 수 있다면 좋겠다.

서울의 빌딩 숲속에는 삼국시대, 고려시대, 조선시대, 대한제국, 일제강점기까지의 보물들이 긴 시간 동안 자리하고 있다. 어린 시절 때때로 '우리나라는 왜 유럽이나 중국, 일본처럼 웅장한 문화유산이 없을까' 하는 생각을 한 적도 있으나, 어느 문헌에서 '그 시대의 이념과 철학 때문이기도 하지만, 노역으로 인한 백성들의 고통을 걱정하는 마음에서 거대 건축물보다는 후세를 위한 기록문화유산이 많이 남아있다'라는 이야기를 접하고, 선조들의 애민 정신 때문이었다는 것을 알게 되었다. 이 책에 소개된 보물들 또한 몇몇의 건축물 이외에 대부분은 책과 도자기, 장신구와 같은 작은 보물들이다.

국보와 보물의 가치와 중요성에 순서를 매길 순 없지만, 우리나라의 긴 역사만큼 그 수가 정말 많기 때문에 먼저 수도인 서울의 한양도성(종로구, 중구, 용산구)을 중심으로 국립중앙박물관과 경복궁 등 주요 소재지의 국보와 보물들을 담아보았다.

이 책은 과거의 보물들로 구성되었다. 현재를 살아가는 우리의 손으로 만들어진 물건과 건축물도 후대에는 보물로 지정될 것이다. 과거의 어떤 것들이 보물로 지정되는지 살펴보면 우리의 삶에서 같이 숨 쉬는 것들 중에서도 후세에 귀중한 보물이 될 만한 것들을 유추해 볼 수 있는 눈이 생기지 않을까 생각해본다.

이 책에 수록된 그림을 통해서 우리나라의 주요 보물들을 좀 더 친근하게 접할 수 있다면 좋겠다. 보물들이 가지고 있는 이야기와 그 중요성을 잠시나마 살펴볼 수 있는 보물 여행이 되길 바란다.

차례
CONTENTS

일러두기 002
머리말 004

1. 종로구

종묘
종묘 정전 012
종묘 영녕전 014

탑골공원
서울 원각사지 십층석탑 016
서울 원각사지 대원각사비 018

경복궁
경복궁 근정전 022
경복궁 경회루 024
경복궁 자경전 026
경복궁 자경전 십장생굴뚝 027
경복궁 아미산 굴뚝 028
경복궁 풍기대 029
경복궁 근정문 및 행각 030

국립고궁박물관
조선왕조실록 오대산사고본 034
천상열차분야지도 각석 035
백자 달항아리 036
복각천상열차분야지도 각석 037
신법 지평일구 038
창덕궁 측우대 039
앙부일구 040
소총통 041
비격진천뢰 042
영조어진 043

창덕궁
창덕궁 돈화문 045
창덕궁 인정전 046
창덕궁 인정문 048
창덕궁 선정전 049
창덕궁 희정당 050
창덕궁 대조전 052
창덕궁 선원전 053

창경궁
창경궁 명정전 056
창경궁 홍화문 058
창경궁 명정문 및 행각 059
창경궁 옥천교 060
창경궁 통명전 061
창경궁 풍기대 062
창경궁 관천대 063

청와대
안중근의사유묵-치악의악식자부족여의 064

북한산
서울 북한산 구기동 마애여래좌상 066

신영동
서울 장의사지 당간지주 068
사직단 대문 070

흥인지문
서울 흥인지문 072

동관왕묘
서울 동관왕묘 074
서울 문묘 및 성균관 076

서울역사박물관
대동여지도 078

불교중앙박물관
봉은사 청동 은입사 향완 080

동방화랑
고산구곡시화도 병풍 082
소원화개첩 084

개인소장
초조본 대방광불화엄경 086

2. 중구

숭례문
서울 숭례문 090

덕수궁
덕수궁 중화전 및 중화문 094
덕수궁 함녕전 096

동국대학교
백자 청화'홍치2년'명 송죽문 항아리 100
보협인석탑 101
대불정여래밀인수증요의제보살만행수능엄경(언해) 102
석보상절 권 23, 24 103
안중근의사유묵-일일부독서구중생형극 104
감지은니보살선계경 권 8 105

전 대구 동화사 비로암 삼층석탑 납석사리호 106
삼존불비상 107
정조필 파초도 108
정조필 국화도 109

서울공예박물관
자수가사 110

성암고서박물관
삼국유사 권2 113
대방광불화엄경 주본 권 6 114
대방광불화엄경 주본 권 36 115

개인소장
대방광불화엄경 진본 권 4 116
대방광불화엄경 진본 권 28 117
동래선생교정북사상절 권 6 118

3. 용산구

국립중앙박물관
서울 북한산 신라 진흥왕 순수비 123
청자 사자형뚜껑 향로 124
청자 어룡형 주전자 125
금동미륵보살반가사유상 126
경주 구황동 금제여래좌상 128
경주 구황동 금제여래입상 129
경주 감산사 석조미륵보살입상 130
경주 감산사 석조아미타여래입상 132
금동미륵보살반가사유상 134
개성 경천사지 십층석탑 136
평양 석암리 금제 띠고리 138
경주 부부총 금귀걸이 139
도기 기마인물형 명기 140
청동 은입사 포류수금문 정병 141
백자 철화포도원숭이문 항아리 142
청자 참외모양 병 143

청자 투각칠보문뚜껑 향로 144
청자 구룡형 주전자 145
청자 음각연화당초문 매병 146
청자 상감모란문 항아리 147
김천 갈항사지 동·서 삼층석탑 148
개성 남계원지 칠층석탑 150
충주 정토사지 홍법국사탑 152
(전)원주 흥법사지 염거화상탑 154
이제현 초상 156
청자 철화양류문 통형 병 157
청자 상감모란국화문 참외모양 병 158
청자 상감당초문 완 159
청자 상감모란문 표주박모양 주전자 160
녹유골호(부석제외함) 161
금동연가7년명여래입상 162
서울 삼양동 금동관음보살입상 164

고려말 화령부 호적관련고문서 166
귀면 청동로 167
조선왕조실록 적상산사고본 168
무령왕비 금제관식 170
청자 인물형 주전자 171
백자 철화매죽문 항아리 172
백자 동화매국문 병 174
백자 청화매조죽문 유개항아리 175
백자 상감연화당초문 대접 176
분청사기 음각어문 편병 177
김정희필 세한도 178
상지은니묘법연화경 179
양평 신화리 금동여래입상 180
황남대총 북분 금관 182
황남대총 북분 금제 허리띠 183
경주 98호 남분 유리병 및 잔 184
황남대총 남분 금목걸이 185
송시열초상 186
초조본 신찬일체경원품차록 권 20 188
초조본 대보적경 권 59 189
분청사기 상감운룡문 항아리 190
분청사기 박지철채모란문 자라병 191
청자 양각연화당초상감모란문 은테 발 192
초조본 현양성교론 권12 193
초조본 유가사지론 권 32 194
초조본 유가사지론 권 15 195
성거산 천흥사명 동종 196
옛 보신각 동종 198
서울 홍제동 오층석탑 200
원주 거돈사지 원공국사탑 202
백자 청화투각모란당초문 항아리 204
감지은니묘법연화경 권 7 205
감지금니묘법연화경 권 6 206
여주 고달사지 쌍사자 석등 207
금동약사여래입상 208
부여 군수리 석조여래좌상 209
금동미륵보살반가사유상 210
하남 하사창동 철조석가여래좌상 211
금동보살입상 212

금령총금관 213
청자 철채퇴화삼엽문 매병 214
청자 음각모란 상감보자기문 유개매병 215
부여 외리 문양전 일괄 216
청자 양각갈대기러기문 정병 218
백자 상감모란문 매병 219
청자 상감동채모란문 매병 220
분청사기 상감어문 매병 221
원주 영전사지 보제존자탑 222
충주 정토사지 홍법국사탑비 224
제천 월광사지 원랑선사탑비 226
양평 보리사지 대경대사탑비 228
창원 봉림사지 진경대사탑 230
창원 봉림사지 진경대사탑비 232
원주 흥법사지 진공대사탑 및 석관 234
청자 구룡형 주전자 236
도기 녹유 탁잔 237
경주 노서동 금팔찌 238
경주 노서동 금귀걸이 239
경주 노서동 금목걸이 240
숙신옹주 가옥허여문기 241
강세황필 도산서원도 242
김홍도필 풍속도 화첩 244
윤봉길 의사 유품 246
강민첨초상 248
강현초상 249
강세황초상 250
황남대총 북분 유리잔 251
황남대총 북분 은잔 252
황남대총 남분 금제 허리띠 253
황남대총 남분 금제 관식 254
승자총통 255
휴대용 앙부일구 256
황자총통 257
고대 그리스 청동 투구 258
청자 상감매죽학문 매병 259
남양주 봉인사 부도암지 사리탑 및 사리장엄구 260

삼성미술관 리움

금동보살입상 263
금동신묘명삼존불입상 264
금동미륵보살반가사유상 266
금동 용두보당 268
청자 동화연화문 표주박모양 주전자 269
금동보살삼존입상 270
대구 비산동 청동기 일괄–검 및 칼집 부속 272
전 고령 금관 및 장신구 일괄 273
김홍도필 군선도 병풍 274
나전 화문 동경 276
전 논산 청동방울 일괄 277
청자 양각죽절문 병 278
청동 은입사 봉황문 합 279
진양군 영인 정 씨 묘 출토유물 280
금동 수정 장식 촛대 281
신라백지묵서 대방광불화엄경 주본 권 1~10, 44~50 282
감지은니불공견삭신변진언경 권 13 284
흥왕사명 청동 은입사 향완 285
금동탑 286
감지은니대방광불화엄경 정원본 권 31 288
정선필 인왕제색도 289
정선필 금강전도 290
아미타삼존도 292
백자 청화매죽문 항아리 294
청자 상감용봉모란문 합 및 탁 295
감지은니묘법연화경 296
초조본 현양성교론 권 11 297
청자 음각'효문'명 연화문 매병 298
전 덕산 청동방울 일괄 299
백자 청화죽문 각병 300
백자 유개항아리 301
백자 '천' '지' '현' '황'명 발 302
백자 달 항아리 303
석보상절 권 11 304

도기 배모양 명기 305
도기 신발 모양 명기 306
금귀걸이 307
청자 상감운학모란국화문 매병 308
채화칠기 309
청동 진솔선예백장 인장 310
전 고령 일괄 유물 311
안중근 의사 유묵– 연년세세화상사세세 연년인부동 312
안중근 의사 유묵–인지당 313
분청사기 상감'정통 5년'명 어문 반형 묘지 314
이상좌불화첩 315
환두대도 316
금동 자물쇠 일괄 317
청동은입사포류수금문향완 318
금동여래입상 319
금동보살입상 320
금동용두토수 321
김홍도필 병진년 화첩 322
김시필 동자견려도 324
지장도 326
백자 청화운룡문 병 327
분청사기 철화어문 항아리 328
백자 청화잉어문 항아리 329
청자 쌍사자형 베개 330
금동관음보살입상 331
청자 복숭아모양 연적 332
청자 상감앵무문 표주박모양 주전자 333

서울 장의사지
당간지주

상명대
서울캠퍼스

은덕사

세검정

백사실계곡

북악팔각정

마애여래좌상

암문

곡성

홍지문 및
탕춘대성

부암동

숙정문
(북대문)

북악산

서울미술관

삼청동

석파정

삼청공원

창의문
(북소문)

육상궁

가회동
성당

청운효자동

청와대

경복궁

인왕산

북촌
한옥마을

국립민속
박물관

가회동

곡성

배화여자대학교

사직동

서촌마을

국립현대
미술관

암문

단군선정

사직공원

국립고궁박물관

안국역

무악동

광화문

동십자각

독립문역

경복궁역

광화문
광장

평화비
(소녀상)

인사동
문화의 거리

조계사

교남동

경희궁

세종문화회관

종로구청

피

서울역사박물관

광화문역

종각역

보신각

젊음의

서울
주교좌성당

청계광장

덕수궁

시청

충현동

강북삼성병원

을지로입구역

서대문역

서울시립미술관

시청역

소공동

경기대학교

경찰청

명동거리

추계예술
대학교

한국은행

북창동

종로구

정릉

길상사

간송미술관

북정마을

성북동

동선동

성신여대입구역

암문

성균관대학교

혜화문
(동소문)

한성대입구역

삼선동

서울문묘

후원

혜화동

가톨릭대학교

보문역

대학로
문화지구

창덕궁

국립어린이
과학관

혜화역

낙산공원

장수
마을

창경궁

암문

창신역

서울대병원

마로니에공원

이화동
벽화마을

운현궁

한국방송
통신대학교

창신동
봉제거리

숭인1동

숭인
근린공원

이화사거리

이화동

숭인2동

종묘

창신2동

동묘앞역

서울
동묘공원

탑골공원

예지동
귀금속 상가

종로5가 6가동

종로5가역

약국
의료기기 상가

동대문역

창신동 인장거리

동묘
벼룩시장

청계천
수족관거리

각
리

관수동
휘장상가

종로3가역

광장시장

흥인지문
(동대문)

청계천

세운전자상가

동대문 패션거리

황학동
주방거리

을지로동

세운조명상가

훈련원공원

국립중앙
의료원

황학동

을지로3가역

을지로4가역

서울중앙

을지로
골뱅이골목

동대문역사문화공원

동대문역사문화공원역

신당역

대성당

광희동

신당동
떡볶이타운

국보 제227호
종묘 정전

분류	유적건조물 / 정치국방 궁궐·관아 / 사우
수량/면적	일괄
소재지	서울시 종로구 종로 157
시대	조선
소유	국유
관리	문화재청 종묘관리소

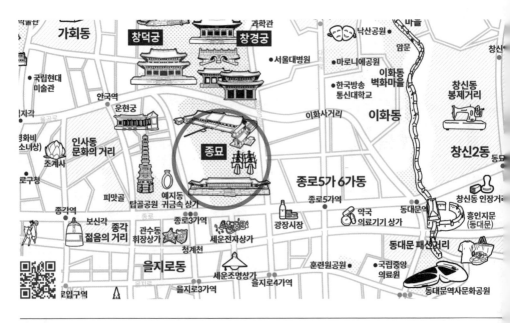

종묘는 조선왕조 역대 임금의 신위를 모신 곳으로, 정전은 종묘의 중심 건물로 영녕전과 구분하여 태묘라 부르기도 한다. 정전은 조선시대 초 태조 이성계의 4대조(목조, 익조, 도조, 환조) 신위를 모셨으나, 그 후 당시 재위하던 왕의 4대조(고조, 증조, 조부, 부)와 조선시대 역대 왕 가운데 공덕이 있는 왕과 왕비의 신주를 모시고 제사하는 곳이 되었다. 종묘는 토지와 곡식의 신에게 제사 지내는 사직단과 함께 국가에서 가장 중요시한 제례 공간으로, 그 건축 양식은 최고의 격식을 갖춘다.

현재 정전에는 서쪽 제1실에서부터 19분 왕과 왕비의 신주를 각 칸을 1실로 하여 모두 19개의 방에 모시고 있다. 이 건물은 칸마다 아무런 장식을 하지 않은 매우 단순한 구조이지만, 19칸이 옆으로 길게 이어져 우리나라 단일 건물로는 가장 긴 건물이다. 홑처마에 지붕은 사람 인자 모양의 맞배지붕 건물이며, 기둥은 가운데 부분이 볼록한 배흘림 형태의 둥근 기둥이고, 정남 쪽에 3칸의 정문이 있다. 종묘 정전은 선왕에게 제사 지내는 최고의 격식과 검소함을 건축공간으로 구현한, 조선시대 건축가들의 뛰어난 공간 창조 예술성을 찾아볼 수 있는 건물이다.

보물 제821호
종묘 영녕전

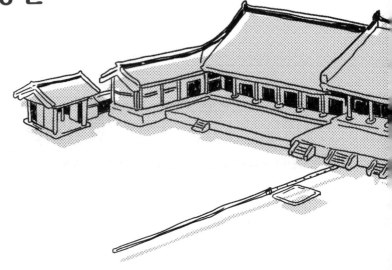

종묘는 조선시대 왕·왕비·공신 등의 신주를 모셔놓고 제사를 지내던 곳이다. 그중 영녕전은 종묘의 일부로 정전의 서북쪽에 자리 잡고 있다. 영녕전을 짓게 된 동기는 시간이 흐르고 죽은 왕의 수가 늘어남에 따라 건물을 늘리거나 새로 지어야 할 필요 때문이었다. 이 건물은 세종 3년(1421) 정종의 신주를 종묘에 모실 때 지은 것으로, 태조의 4대조와 정전에서 계속 모실 수 없는 왕과 왕비의 신주를 옮겨 모신 곳이다.

분류	유적건조물 / 정치국방 궁궐·관아 / 사우
수량/면적	일곽
소재지	서울시 종로구 종로 157
시대	조선
소유	국유
관리	문화재청 종묘관리소

현재 영녕전에는 가운데 4개의 방을 양쪽 옆에 딸린 방들보다 높게 꾸미고, 각 방에 태조의 4대 조인 목조, 익조, 도조, 환조와 왕비들의 신주를 모시고 있다. 그리고 서쪽 5번째 방부터 16번째 방

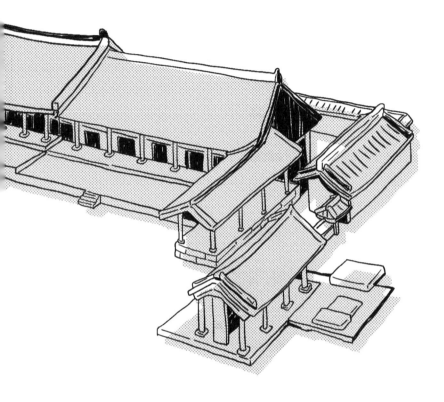

까지 각각 정종과 왕비, 문종과 왕비, 단종과 왕비, 덕종과 왕비, 예종과 왕비, 인종과 왕비, 명종과 왕비, 원종과 왕비, 경종과 왕비, 진종과 왕비, 장조와 왕비, 의민황태자(영친왕)와 태자비의 신주를 모시고 있다.

17세기 중기 건축양식을 보여주는 이 건물은 제사를 드리는 곳이라는 목적에 맞도록 구조와 장식·색 등이 간결하고 장중한 느낌을 주도록 만들었다. 일부 구조에서는 옛 방식을 따라 입구에 널문을 달고 발을 쳤으며, 건물 안쪽 방 사이에는 담벽을 치지 않고 발을 늘여 나누어 놓았다. 신위를 모시는 집으로 옛 전통을 잘 간직하고 있는 문화재 중 하나라 할 수 있다.

국보 제2호
서울 원각사지 십층석탑

분류	유적건조물 / 종교신앙 불교 / 탑
수량/면적	1기
소재지	서울시 종로구 종로 99
시대	조선
소유	국유
관리	종로구청

원각사는 지금의 탑골공원 자리에 있었던 절로, 조선 세조 11년 (1465)에 세웠다. 조선시대의 숭유억불정책 속에서도 중요한 사찰로 보호되어 오다가 1504년 연산군이 이 절을 '연방원'이라는 이름의 기생집으로 만들어 승려들을 내보냄으로써 절은 없어지게 되었다.

이 탑은 조선시대의 석탑으로는 유일한 형태로, 높이는 약 12m이다. 대리석으로 만들어졌으며 탑 구석구석에 표현된 화려한 조각이 대리석의 회백색과 잘 어울려 더욱 아름답게 보인다.

탑을 받쳐주는 기단은 3단으로 되어있고, 위에서 보면 아자 모양이다. 기단의 각 층 옆면에는 여러 가지 장식이 화사하게 조각되었는데 용, 사자, 연꽃무늬 등이 표현되었다. 탑신부는 10층으로 이루어져 있으며, 3층까지는 기단과 같은 아자 모양을 하고 있고 4층부터는 정사각형의 평면을 이루고 있다. 각 층마다 목조건축을 모방하여 지붕, 공포(목조건축에서 처마를 받치기 위해 기둥 위에 얹는 부재), 기둥 등을 세부적으로 잘 표현하였다.

우리나라 석탑의 일반적 재료가 화강암인데 비해 대리석으로 만들어졌고, 전체적인 형태나 세부구조 등이 고려 시대의 경천사지 10층 석탑과 매우 비슷하여 더욱 주의를 끌고 있다. 탑의 윗부분에 남아있는 기록으로 세조 13년(1467)에 만들어졌음을 알 수 있으며, 형태가 특이하고 표현 장식이 풍부하여 훌륭한 걸작품으로 손꼽히고 있다.

보물 제3호
서울 원각사지 대원각사비

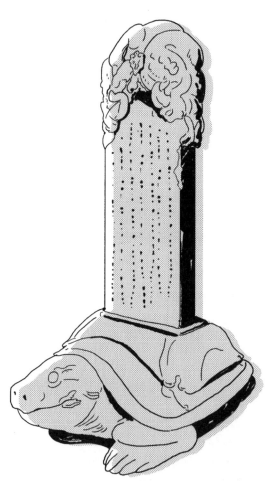

분류	기록유산 / 서각류
	금석각류 / 비
수량/면적	1기
소재지	서울시 종로구 종로 99
시대	조선
소유	국유
관리	종로구

원각사의 창건 내력을 적은 비로, 조선 성종 2년(1471)에 건립되었다. 원각사는 탑골공원 자리에 있던 절로 조선시대 태조가 한양에 도읍을 정할 때 조계종의 본 절로 세웠다. 조계종이 없어지자 관아로 사용되다가 세조가 간경도감에서 「원각경」을 번역하고, 회암사 사리탑에서 사리를 나누어온 것을 기념하기 위하여 이곳에 다시 원각사를 짓고 10층 사리탑을 세웠다.

비는 머릿돌을 따로 얹지 않고 비몸돌 위를 두 마리의 용이 감싸듯 표현되어 있어 복고적인 형식을 따르고 있다.

비를 지고 있는 돌거북은 둔중한 몸체로 머리는 목을 표현하지 않고 앞으로 나와 있다. 등무늬는 육각형이 아닌 사다리꼴 평행 세선을 새겼으며, 등 중앙에는 연잎조각을, 꼬리와 다리에는 물고기 비늘을 조각해 놓아 조선시대 조각미의 독특한 형태를 잘 보여주고 있다.

비몸돌 위로는 보주(연꽃봉오리모양의 장식)를 드는 두 마리의 용이 조각되었으며, 조각 아래의 가운데에는 '대원각사지비'라는 비의 이름이 강희맹의 글씨로 새겨져 있다.

비문은 당대 명신들이 짓고 썼는데, 앞면의 비문은 김수온, 성임, 뒷면의 추기는 서거정, 정난종이 각각 짓고 썼다.

길상사

간송미술관

마을

암문

성북동

동선동

●개운산공

성신여대입구역

균관대학교

혜화문
(동소문)

한성대입구역

삼선동

고려대학교의료원
안암병원

서울문묘

혜화동

가톨릭대학교

보문역

국립어린이
과학관

대학로
문화지구

혜화역

장수
마을

창신역

창경궁

서울대병원

낙산공원

암문

숭인1동

마로니에공원

한국방송
통신대학교

이화동
벽화마을

창신동
봉제거리

숭인
근린공원

신설동역

종묘

이화사거리

이화동

창신2동

숭인2동

동묘앞역

서울
동묘공원

종로5가 6가동

종로5가역

동대문역

창신동 인장거리

동묘
벼룩시장

청계천
수족관거리

역

약국
의료기기 상가

흥인지문
(동대문)

세운전자상가

전

광장시장

동대문 패션거리

황학동
주방거리

세운조명상가

을지로4가역

훈련원공원

국립중앙
의료원

황학동

서울중앙시장

3가역

동대문역사문화공원

동대문역사문화공원역

신당역

상왕

광희동

제일병원

신당동
떡볶이 타운

무학봉

충무로역

한국의 집

장충동

신당동

동화동

산골

장충동 족발골목

청구역

국보 제223호
경복궁 근정전

분류	유적건조물 / 정치국방
	궁궐·관아 / 궁궐
수량/면적	1동
소재지	서울시 종로구
	사직로 161
시대	조선
소유	국유
관리	문화재청 경복궁관리소

경복궁 근정전은 조선시대 법궁인 경복궁의 중심 건물로, 신하들이 임금에게 새해 인사를 드리거나 국가 의식을 거행하고 외국 사신을 맞이하던 곳이다.

태조 4년(1395)에 지었으며, 정종과 세종을 비롯한 조선 전기의 여러 왕들이 이곳에서 즉위식을 하기도 하였다. '근정'이란 이름은 천하의 일은 부지런하면 잘 다스려진다는 의미를 담고 있는 것으로, 정도전이 지었다. 지금 있는 건물은 임진왜란 때 불탄 것을 고종 4년(1867) 다시 지은 것이다.

앞면 5칸·옆면 5칸 크기의 2층 건물로 지붕은 옆면에서 볼 때 여덟 팔자 모양인 팔작지붕이다. 지붕 처마를 받치기 위해 장식하여 짜여진 구조가 기둥 위뿐만 아니라 기둥 사이에도 있는 다포

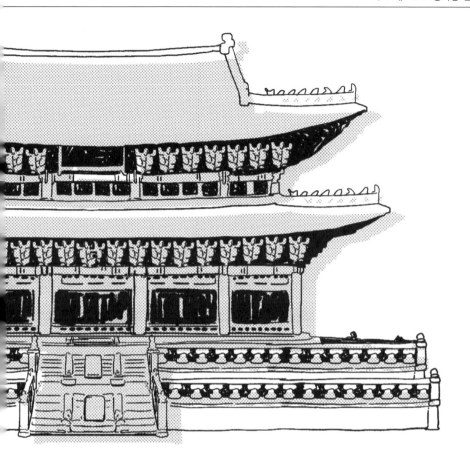

식 건물이며 그 형태가 화려한 모습을 띠고 있다. 건물의 기단인
월대의 귀퉁이나 계단 주위 난간 기둥에 훌륭한 솜씨로 12지신상
을 비롯한 동물상들을 조각해 놓았다. 건물 내부는 아래·위가 트
인 통층으로 뒤편 가운데에 임금의 자리인 어좌가 있다. 어좌 뒤
에는 '일월오악도' 병풍을 놓았고, 위는 화려한 장식으로 꾸몄다.
근정전에서 근정문에 이르는 길 좌우에는 문무백관들의 지위를
표시하는 품계석이 차례로 놓여 있으며, 햇빛을 가릴 때 사용하
였던 차일 고리가 앞마당에 남아 있다. 근정문 주변으로는 행각
이 연결되어 근정전을 둘러싸고 있다. 근정전은 조선 중기 이후
세련미를 잃어가던 수법을 가다듬어 완성시킨 왕궁의 위엄을 갖
춘 웅장한 궁궐건축이다.

국보 제224호
경복궁 경회루

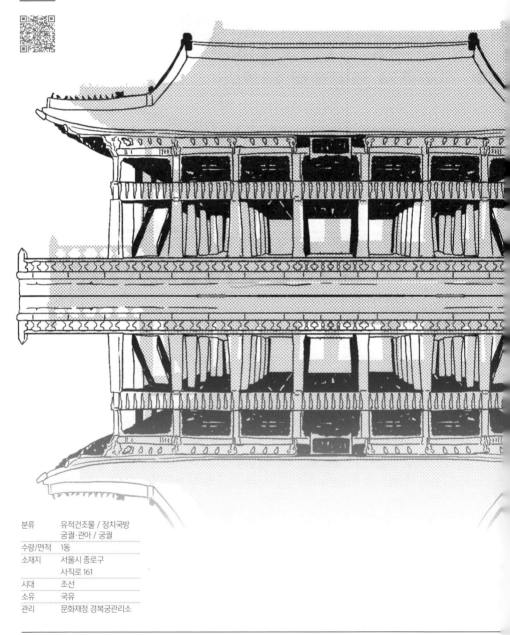

분류	유적건조물 / 정치국방
	궁궐·관아 / 궁궐
수량/면적	1동
소재지	서울시 종로구
	사직로 161
시대	조선
소유	국유
관리	문화재청 경복궁관리소

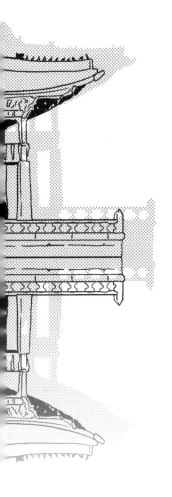

경복궁 근정전 서북쪽 연못 안에 세운 경회루는, 나라에 경사가 있거나 사신이 왔을 때 연회를 베풀던 곳이다.

경복궁을 처음 지을 때의 경회루는 작은 규모였으나, 조선 태종 12년(1412)에 연못을 넓히면서 크게 다시 지었다. 그 후 임진왜란 으로 불에 타 돌기둥만 남은 상태로 유지되어 오다가 270여 년이 지난 고종 4년(1867) 경복궁을 다시 지으면서 경회루도 다시 지었다. 연못 속에 잘 다듬은 긴 돌로 둑을 쌓아 네모반듯한 섬을 만들고 그 안에 누각을 세웠으며, 돌다리 3개를 놓아 땅과 연결되도록 하였다.

앞면 7칸·옆면 5칸의 2층 건물로, 지붕은 옆면에서 볼 때 여덟 팔자 모양을 한 팔작지붕이다. 지붕 처마를 받치기 위해 장식하여 만든 공포는 누각 건물에서 많이 보이는 간결한 형태로 꾸몄다. 태종 때 처음 지어진 경회루는 성종 때 고쳐지으면서 누각의 돌기둥을 화려하게 용의 문양을 조각하였다고 전해지나, 임진왜란 으로 소실된 이후 고종대에 다시 지으면서 지금과 같이 간결하게 바깥쪽에는 네모난 기둥을, 안쪽에는 둥근 기둥을 세웠다. 1층 바닥에는 네모난 벽돌을 깔고 2층 바닥은 마루를 깔았는데, 마루의 높이를 3단으로 각각 달리하여 지위에 따라 맞는 자리에 앉도록 하였다.

경복궁 경회루는 우리나라에서 단일 평면으로는 규모가 가장 큰 누각으로, 간결하면서도 호화롭게 장식한 조선 후기 누각건축의 특징을 잘 나타내고 있는 소중한 건축 문화재이다.

보물 제809호
경복궁 자경전

자경전은 1867년 경복궁을 다시 지으면서 자미당 터에 고종의 양어머니인 조대비(신정왕후)를 위해 지은 대비전으로서 중건 이후 화재로 소실됨에 따라서 고종 25년(1888)에 다시 지어 오늘에 이른다.

자경전은 대비가 일상생활을 하는 침전 건물로, 총 44칸 규모이다. 겨울에 따뜻하게 지낼 수 있도록 서북쪽에 복안당이라는 침실을 두고 중앙에는 중심 건물인 자경전을 두었다. 또, 동남쪽에는 다락집인 청연루를 두어 여름을 시원하게 보낼 수 있도록 하였다. 주변에는 수십 개의 집과 담장, 문들이 있었으나 일제강점기를 거치면서 대부분 없어졌다. 지금은 장수를 기원하는 뜻을 가진 글자와 꽃·나비·대나무 형태를 흙으로 구워 새겨 넣은 아름다운 꽃담장과 동식물 무늬인 십장생을 조화 있게 새겨 넣은 집 모양의 굴뚝이 남아 있다. 자경전은 조선시대 법궁인 경복궁 안에 남아 있는 유일한 대비전이다.

분류	유적건조물 / 정치국방 궁궐·관아 / 궁궐
수량/면적	일곽
소재지	서울시 종로구 사직로 161
시대	조선
소유	국유
관리	문화재청 경복궁관리소

보물 제810호
경복궁 자경전 십장생굴뚝

자경전은 1867년에 경복궁을 다시 지으면서 자미당 터에 고종의
양어머니인 조대비(신정왕후)를 위해지었으나, 불에 타버려 고종
25년(1888)에 다시 지어 오늘에 이른다. 십장생 굴뚝은 자경전
뒷담의 한 면을 돌출시켜 만든 것이다.

굴뚝은 네모 형태로, 가운데는 동식물 무늬인 십장생을 새겨 넣
었다. 십장생 무늬는 가장 한국적인 무늬로 알려졌는데, 이것은
조대비의 만수무강을 기원하여 제작한 것으로 보인다. 굴뚝은 벽
돌을 쌓아 만들었고 그 위에 기와지붕을 얹었으며 지붕 위에는
연기를 빠지게 하는 시설을 해 놓았다.

굴뚝이면서 장식적인 기능을 충실히 하고 그 조형미 역시 세련되
어 조선시대 궁궐에 있는 굴뚝 중에서 가장 아름다운 작품으로
평가 받고 있다.

분류	유적건조물 / 주거생활
	주거건축 / 주거시설
수량/면적	1기
소재지	서울시 종로구
	사직로 161
시대	조선
소유	국유
관리	문화재청 경복궁관리소

보물 제811호
경복궁 아미산 굴뚝

경복궁 아미산 굴뚝은 왕비의 생활공간인 교태전 온돌방 밑을 통과하여 연기가 나가는 굴뚝으로, 지금 남아 있는 것은 고종 4년(1867) 경복궁을 다시 지으면서 새로 만든 것이다. 현재 4개의 굴뚝이 서 있는데 6각형으로 된 굴뚝 벽에는 덩굴무늬, 학, 박쥐, 봉황, 소나무, 매화, 국화, 불로초, 바위, 새, 사슴 따위의 무늬를 조화롭게 배치하였다. 각 무늬는 벽돌을 구워 배열하고 그 사이에는 회를 발라 면을 구성하였다.

십장생, 사군자와 장수, 부귀를 상징하는 무늬, 화마와 악귀를 막는 상서로운 짐승들이 표현되어 있다. 굴뚝의 위쪽 부분은 목조 건물의 형태를 모방하였고 그 위로 연기가 빠지는 작은 창을 설치하였다. 굴뚝의 기능을 충실히 하면서 각종 문양 형태와 그 구성이 매우 아름다워 궁궐 후원 장식 조형물로서 훌륭한 작품으로 평가받고 있다.

분류	유적건조물 / 주거생활
	주거건축 / 주거시설
수량/면적	4기
소재지	서울시 종로구
	사직로 161
시대	조선
소유	국유
관리	문화재청 경복궁관리소

보물 제847호
경복궁 풍기대

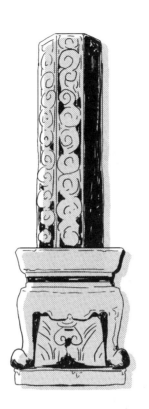

분류	유물 / 과학기술
	계측교역기술용구
	도량형
수량/면적	1기
소재지	서울시 종로구
	사직로 161
시대	조선
소유	국유
관리	문화재청 경복궁관리소

조선시대 바람의 세기와 방향을 재는데 사용했던 것으로 풍기와 풍기대에 대해 「증보문헌비고」를 보면 다음과 같은 사실을 알 수 있다. 화강암을 다듬어 아래에 상을 조각한 대를 놓고, 그 위에 구름 무늬를 새긴 8각 기둥을 세운 모습이다. 8각형 기둥의 맨 위의 중앙에는 깃대를 꽂는 구멍이 있고, 그 아래 기둥 옆으로 물이 고이지 않게 배수 구멍을 뚫었다. 깃대 길이는 확실치 않고 깃대 끝에는 좁고 긴 깃발을 매어 그것이 날리는 방향으로 풍향을 재고 나부끼는 정도로 바람의 세기를 알 수 있었다.

세종 때 이후 측우기로 강우량을 측정하고 강과 개천의 수량을 재는 등 관측 기술이 발달했는데 풍기에 의한 바람 측정이 언제부터 시작되었는지 밝혀지지 않았다. 그러나 적어도 18세기에도 실시되었음을 알 수 있으며, 이 풍기대도 18세기 것으로 보인다. 궁궐의 모습을 볼 수 있는 그림인 동궐도(고려대학교 박물관 소장)에도 풍기대 위에 길게 나부끼는 풍기가 그려져 있어 당시의 모습을 짐작할 수 있다.

크기는 아랫단의 높이가 80.8㎝, 위 8각 기둥의 높이가 143.5㎝로 전체 높이가 224.3㎝이다. 경복궁 풍기대는 창경궁 풍기대와 함께 조선시대 바람을 측정했다는 실증적 자료로서 기상관측의 선구적인 자리를 차지하고 있다.

보물 제812호
경복궁 근정문 및 행각

분류	유적건조물
수량/면적	일곽
소재지	서울시 종로구 사직로 161
시대	조선
소유	국유
관리	문화재청 경복궁관리소

근정문은 경복궁의 중심 건물인 근정전의 남문으로 좌우에 행각이 둘러싸고 있다. 조선시대 태조 4년(1395) 경복궁을 세울 때 함께 지었으나 임진왜란으로 불에 타 버렸다. 지금 있는 건물은 고종 4년(1867) 경복궁을 다시 지으면서 새로 만든 것이다.

근정문은 앞면 3칸·옆면 2칸의 2층 건물로, 지붕은 앞면에서 볼 때 사다리꼴을 한 우진각지붕이다. 지붕 처마를 받치기 위해 장식하여 만든 공포는 기둥 위뿐만 아니라 기둥 사이에도 있다. 이를 다포 양식이라 하며 밖으로 뻗쳐 나온 부재들의 형태가 날카롭고 곡선을 크게 그리고 있어 조선 후기의 일반적인 수법을 나타내고 있다.

행각은 근정전의 둘레를 직사각형으로 둘러 감싸고 있는데, 양식과 구조는 간결하게 짜여 있으며 남행각이 연결되는 곳에 일화문과 월화문이 있고 북측으로는 사정문이 있어서 사정전과 연결된다. 동·서쪽으로는 각각 밖으로 돌출한 융문루·융무루가 있다. 벽에 만든 창의 형태는 사각형의 모서리를 사선으로 처리한 것이 특이하다.

근정문은 현존하는 조선시대 궁궐 정전의 남문 중 유일하게 2층 건물로 지어져서 법궁의 위엄에 맞게 조성되었으며, 궁궐건축 연구에 귀중한 자료가 되고 있다.

북정마을
간송미술관
동선동
성북동
암문
성신여대입구역
성균관대학교
한성대입구역
삼선동
혜화문
(동소문)
서울문묘
혜화동
보문역
후원
가톨릭대학교
대학로
문화지구
장수
마을
창덕궁
창경궁
국립어린이
과학관
혜화역
낙산공원
창신역
숭인1동
암문
서울대병원
마로니에공원
종묘
이화동
벽화마을
한국방송
통신대학교
창신동
봉제거리
숭인
근린공원
신설동
이화사거리
이화동
숭인2동
예지동
귀금속 상가
종로5가 6가동
창신2동
동묘앞역
서울
동묘공원
설공원
종로3가역
종로5가역
동묘
창신동 인장거리
벽룩시장
청계천
수족관거리
관수동
휘장상가
청계천
세운전자상가
약국
의료기기 상가
동대문역
흥인지문
(동대문)
황학동
주방거리
을지로동
세운조명상가
을지로4가역
동대문 패션거리
황학동
서울중앙시장
을지로3가역
훈련원공원
국립중앙
의료원
동대문역사문화공원
을지로
골뱅이골목
동대문역사문화공원역
신당역
당
광희동
제일병원
신당동
떡볶이 타운
충무로역
장충동
신당동
동화동
한국의집
청구역
남산골
한옥마을
장충동 족발골목
숭의여자
동대입구역
장충단공원

국보 제151-3호
조선왕조실록 오대산사고본

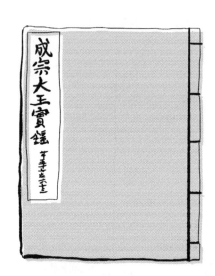

분류	기록유산 / 전적류
	전적류 / 전적류
수량/면적	75책
소재지	서울시 종로구 효자로 12
시대	조선
소유	국유
관리	문화재청
	국립고궁박물관

「조선왕조실록」은 조선 태조에서부터 조선 철종 때까지 25대 472년간(1392-1863)의 역사를 편년체(역사적 사실을 일어난 순서대로 기술하는 역사 서술의 한 방식)로 기록한 책이다.

오대산 사고는 1606년(선조 39) 경에 설치되었다. 임진왜란으로 전주사 고본을 제외한 나머지 실록들이 모두 소실되자 조선 정부는 1603년(선조 36) 7월부터 1606년 3월까지 전주사 고본을 바탕으로 태조부터 명종까지의 실록 4부를 재간행했다. 그리고 강화·태백산·묘향산·오대산 등지에 사고를 새로 건축하여 서울의 춘추관 사고와 함께 5곳의 사고에 실록을 보관하였다. 당시 실록을 재간행할 때 4부 중 3부는 정본으로 인쇄했지만, 전란 이후 경제적인 어려움 때문에 나머지 1부는 정본 인쇄를 하지 못했다. 이에 조선 정부는 최종 교정쇄본을 장정하여 정본을 대신하도록 했는데, 이 교정쇄본이 오대산 사고에 보관되었다. 따라서 오대산사고본 실록 중 태조-명종실록은 교정쇄본이고 이후에 소장된 선조-철종실록은 정본이다.

오대산사고본 실록은 일제강점기인 1913년경에 일제에 의해 동경제국 대학 도서관에 기증하는 방식으로 반출되었고, 1923년 관동대지진 당시 화재로 인해 대부분이 소실되었다. 화를 면한 오대산사고본 실록 중 27책이 1932년에 경성제국대학으로 이관된 이후 서울대학교 규장각으로 이어졌다. 오대산 사고본 실록 27책이 1973년 국보로 지정된 후 일본에 남아있던 오대산 사고 본 실록 47책(2007. 2. 26. 국보 추가 지정)이 2006년에 환수되었고, 1책(2019. 6. 26. 국보 추가 지정)이 2018년 환수되어 총 75책이 국립고궁 박물관에 보관되어 있다.

국보 제228호
천상열차분야지도 각석

분류	유물 / 과학기술
	천문지리기구 / 천문
수량/면적	1점
소재지	서울시 종로구 효자로 12
시대	조선
소유	국유
관리	문화재청
	국립고궁박물관

직육면체의 돌에 천체의 형상을 새겨 놓은 것으로, 조선을 건국한 태조 이성계가 왕조의 권위를 드러내고자 권근, 유방택 등 11명의 천문학자에게 명을 내려 만들도록 한 것이다.

고구려의 천문도를 표본으로 삼아 그 오차를 고쳐 완성하였는데, 두 부분으로 나누어 내용을 배치하고 있다. 윗부분에는 짧은 설명과 함께 별자리 그림이 새겨져 있고, 아랫부분에는 천문도의 이름, 작성 배경과 과정, 만든 사람의 이름 및 만든 때가 적혀 있다.

별자리 그림에는 중심에 북극을 두고 태양이 지나는 길인 황도와 남북극 가운데로 적도를 나타내었다. 또한 눈으로 관찰할 수 있는 별들이 총망라되어, 황도 부근의 하늘을 12등분 한 후 1,467개의 별을 점으로 표시하였다. 이 그림을 통해 해, 달, 5행성(수성, 금성, 토성, 화성, 목성)의 움직임을 알 수 있고, 그 위치에 따라 절기를 구분할 수도 있다.

태조 4년(1395)에 제작된 이 석각천문도는 중국 남송의 「순우천문도」에 이어 세계에서 두 번째로 오래된 것이다. 지금은 표면이 심하게 깎여나가서 알아보기가 어려운 부분이 있으나, 고구려 천문도의 원형을 짐작게 하는 귀중한 유물이다.

국보 제310호
백자 달항아리

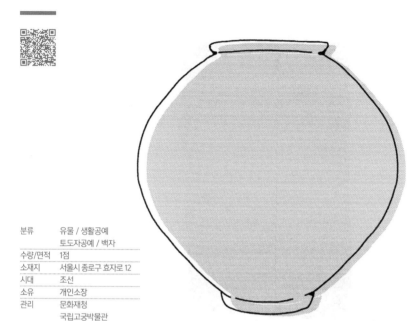

분류	유물 / 생활공예
	토도고공예 / 백자
수량/면적	1점
소재지	서울시 종로구 효자로 12
시대	조선
소유	개인소장
관리	문화재청
	국립고궁박물관

백자 달항아리는 보통 높이가 40cm 이상 되는 대형으로, 둥글고 유백색의 형태가 둥근 달을 연상하게 되어 일명 '달항아리'라고도 불린다. 조선 17세기 후기~18세기 전기의 약 1세기 동안(특히 18세기 전기 50년간) 조선왕조 유일의 관요인 사옹원의 분원 백자 제작소(경기도 광주)에서 만들어진 것으로, 당시 광주 지역에 산포해 있던 340여 개소의 가마 가운데 금사리 가마에서 주로 제작된 것으로 추정하고 있다.

크기가 대형인 탓에 한 번에 물레로 올리지 못하고 상하 부분을 따로 만든 후, 두 부분을 접합하여 완성한 것으로 성형과 번조가 매우 어렵다. 순백의 미와 균형감은 전 세계에서 유례를 찾아볼 수 없는 우리나라 백자의 독특하고 대표적인 형식이다.

국보 제310호 백자 달항아리는 높이 43.8cm, 몸통 지름 44cm 크기로 유약과 태토의 용융 상태가 우수하며 입 지름과 바닥 지름의 비가 이상적이어서 전체적으로 안정감을 보인다. 완전한 좌우대칭은 아니지만 약간 비틀어지고 변형된 상태가 전체의 조형에 장애가 되지 않고 오히려 변화를 주면서 생동감을 느끼게 한다.

보물 제837호
복각천상열차분야지도 각석

복각천상열차분야지도 각석은 별자리를 돌에 새겨 놓은 천문도이다.

둥글게 그린 하늘 안에 1,467개의 별이 그려져 있고 아래에는 천문도를 만들게 된 경위와 참여자 명단이 적혀 있다. 구도상 약간의 차이가 있을 뿐 내용은 태조 4년(1395)에 처음 만든 것과 완전히 같고, 설명문으로는 권근의 글이 실려있다. 전체의 구성이 처음 새긴 것보다 더 좋고 당당하다.

1395년 처음 새긴 것을 돌이 닳아 잘 보이지 않게 되어 숙종 13년 (1687)에 다시 새겨 놓은 것으로, 천문도를 제작하게 된 이유와 과정 등은 「증보문헌비고」, 「상위고」와 「서운관지」에 잘 나타나 있다.

분류	유물 / 과학기술
	천문지리기구 / 천문
수량/면적	1점
소재지	서울시 종로구 효자로 12
시대	조선
소유	국유
관리	문화재청
	국립고궁박물관

보물 제840호
신법 지평일구

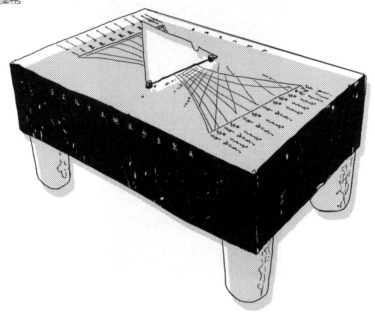

신법 지평일구는 해시계의 일종으로 검은 대리석으로 만들었으며 크기는 가로 58.9㎝, 세로 38.2㎝, 두께 16.3㎝이다.

원리는 그래프용지에 1㎝ 간격으로 동심원과 10°간격의 방사선을 그어놓고, 그 중심에 막대를 세워 시각에 따른 그림자의 변화를 보는 형태로, 이것은 반구형을 한 해시계 앙부일구를 전개하여 평면에 옮겨 놓은 것과 똑같은 모양이다.

분류	유물 / 과학기술
	천문지리기구 / 지리
수량/면적	1기
소재지	서울시 종로구 효자로 12
시대	조선
소유	국유
관리	문화재청
	국립고궁박물관

측면에 새겨져 있는 글을 통해 18세기 초에 제작된 것이고 구조와 평면에 그려진 시각선, 절기를 나타낸 선이 중국의 것과 같아 그것을 본떠 관상감에서 새로 만든 것으로 추정된다.

보물 제844호
창덕궁 측우대

창덕궁 측우대는 조선시대에 강우량을 측정하는 측우기를 올려
놓았던 대석이다. 높이 30.3㎝, 가로 45.3, 세로 45.5㎝의 대리석
으로 만든 이 측우대는 정조 6년(1782) 6월부터 7월 사이에 계속
되는 가뭄에 비 오기를 바라는 간절한 뜻을 하늘에 알리고 비를
기다리는 의식적인 의의를 담고 있다. 측우기는 한국전쟁 때 없
어지고 현재 측우대만 국립고궁박물관에 보관되어 있다.

대석의 4면에 새겨진 글에는 측우기의 제작 경위와 그 뜻이 얼
마나 큰 것인지를 말하고 있어 조선 기상학사에 귀중한 자료가
된다.
측우기와 측우대는 영조 때 전국적인 정비 이후에도 필요에 따라
중앙이나 지방에서 제작되었다. 남아 있는 유물은 1782년에 제작
한 측우대와 1811년의 측우대, 그리고 1837년의 측우기가 있다.

분류	유물 / 과학기술 계측교역기술용구 도량형
수량/면적	1기
소재지	서울시 종로구 효자로 12
시대	조선
소유	국유
관리	문화재청 국립고궁박물관

보물 제845호
앙부일구

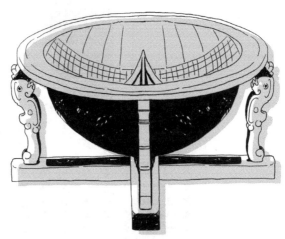

분류	유물 / 과학기술
	계측교역기술용구
	도량형
수량/면적	2기
소재지	서울시 종로구 효자로 12
시대	조선
소유	국유
관리	문화재청
	국립고궁박물관

앙부일구는 세종 16년(1434)에 장영실, 이천, 김조 등이 만들었던 해시계로 시계판이 가마솥같이 오목하고, 이 솥이 하늘을 우러르고 있다고 해서 이런 이름을 붙였다. 이것은 둥근 지구 모양을 표현한 것이고 작은 크기로도 시각선, 계절선을 나타내는데 효과적이다. 큰 것은 시계의 지름이 35.2㎝, 높이가 14㎝이고, 17세기 후반에 제작된 것이며, 작은 것은 시계의 지름이 24.3㎝이며 18세기 전반에 제작되었다. 오목한 시계판에 세로선 7줄과 가로선 13줄을 그었는데 세로선은 시각선이고 가로선은 계절선이다. 해가 동쪽에서 떠서 서쪽으로 지면서 생기는 그림자가 시각선에 비추어 시간을 알 수 있다. 또 절기마다 태양에 고도가 달라지기 때문에 계절선에 나타나는 그림자 길이가 다른 것을 보고 24절기를 알 수 있다.

특히 세종실록에 글을 모르는 백성들을 위해 12지신 그림으로 그려서 시간을 알게 했다는 기록이 있어 주목할 만 하다. 또한 이것은 대궐에 두었을 뿐만 아니라 종로 혜정교와 종묘 앞에 설치한 우리나라 최초의 공동 시계였다는 점에도 의의가 크다. 2개의 해시계는 작고 오목한 가마솥 모양에 네발이 있는 우아한 모습을 가진 것으로 작풍과 제작기법이 같다. 청동으로 몸통을 만든 뒤, 검은 칠을 하고 글자와 선을 은상감으로 새겨 예술품으로도 손색이 없으며 정확한 수평을 잡기 위한 십자형의 다리가 있다. 조선시대의 대표적인 해시계이며, 과학 문화재로서도 가치가 큰 유물이다.

보물 제856호
소총통

소총통은 도화선에 손으로 불씨를 붙이는 휴대용 화기의 일종으로 전체 길이 75.5㎝, 지름 1.6㎝로 조선 선조 때 만들어졌다.

승자총통에서 진전된 형식으로 승자총통보다 길고 대나무와 같은 마디가 고르게 연결되어 있다. 총신은 약간 구부러져 있는데, 발사 과정에서 탄환이 힘을 받아 멀리 나가도록 하기 위한 것이다. 총신이 길어 화기가 새지 않고 탄환이 명중할 수 있게 만들었으며, 화약을 넣는 약실을 약간 도톰하게 하였다.

남아 있는 기록을 통해 제작 연대와 화약의 용량, 제작자를 알 수 있으며, 보존 상태 또한 완전하여 화포사 연구에 귀중한 자료로 평가된다.

분류	유물 / 과학기술 무기병기류 / 병장기류
수량/면적	1점
소재지	서울시 종로구 효자로 12
시대	조선
소유	국유
관리	문화재청 국립고궁박물관

보물 제860호
비격진천뢰

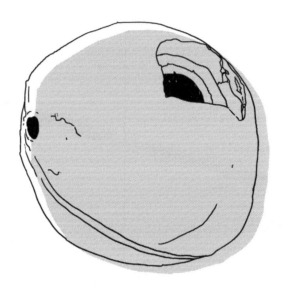

조선 선조 때 이장손이 발명한 비격진천뢰는 인마살상용 폭탄으로 조선 중기에 사용되었다.

지름 21㎝, 둘레 68㎝로 도화선을 감는 목곡, 목곡이 들어가는 죽통, 얇은 철 조각, 뚜껑 등으로 이루어져 있다. 표면은 무쇠로 둥근 박과 같고 내부는 화약과 얇은 철 조각들로 장전하게 되어 있으며, 화포의 일종인 완구를 이용하여 발사된다. 임진왜란 때 경주 부윤이었던 박의장이 사용하여 경주성을 탈환하기도 하였다.

이 비격진천뢰는 우리나라에 현존하는 유물 중 가장 보존 상태가 좋아 문헌과 비교 연구할 수 있는 국방 과학기술 문화재로 평가되며, 화포 연구와 탄환 발전사에 대한 자료로서 높은 가치가 있다.

분류	유물 / 과학기술 무기병기류 / 병장기류
수량/면적	1점
소재지	서울시 종로구 효자로 12
시대	조선
소유	국유
관리	문화재청 국립고궁박물관

보물 제932호
영조어진

분류	유물 / 일반회화
	인물화 / 초상화
수량/면적	1폭
소재지	서울시 종로구 효자로 12
시대	조선
소유	국유
관리	문화재청
	국립고궁박물관

조선시대 임금인 영조(재위 1724~1776)의 초상화이다. 영조는 심각한 당파 싸움에 대하여 탕평책을 실시하고, 인재를 고르게 등용하여 사회를 안정시켰으며 스스로 학문을 즐겨 문예 부흥기를 이루었다.

이 그림은 51세 때 모습을 그린 것으로, 가로 68㎝, 세로 110㎝ 크기의 비단에 채색하여 그렸다. 오른쪽을 바라보고 있는 모습인데, 머리에는 임금이 쓰는 익선관을 쓰고, 양 어깨와 가슴에는 용을 수놓은 붉은색의 곤룡포를 입고 있다. 얼굴에는 붉은 기운이 돌고 있고 두 눈은 치켜 올라갔으며 높은 콧등과 코 가장자리, 입의 양 끝은 조각처럼 직선적으로 표현되었다. 가슴에 있는 각대 역시 위로 올라가 있고, 옷의 외곽선을 따로 긋지 않는 등 조선 후기의 초상화 양식이 보인다.

이 초상화는 영조 20년(1744)에 장경주, 김두량이 그린 그림을 1900년에 당대 일류급 초상화가들이 원본을 보고 그린 것이다. 비록 원본은 한국전쟁으로 불타 없어졌으나 원본을 충실하게 그린 것으로 현존하는 왕의 영정 가운데 주목할 만한 작품이다.

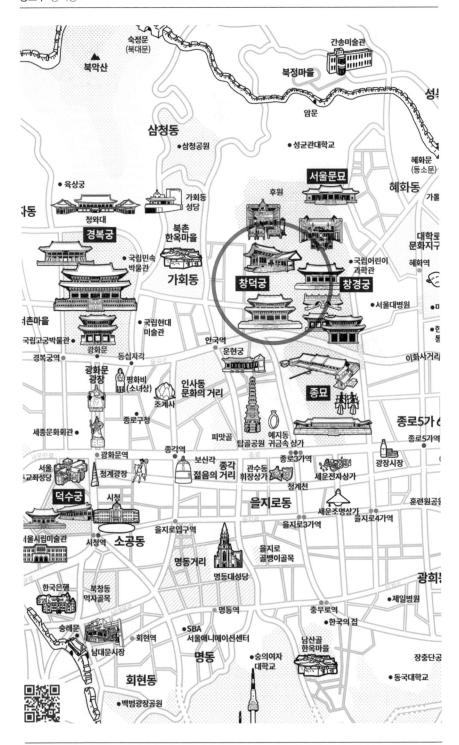

보물 제383호
창덕궁 돈화문

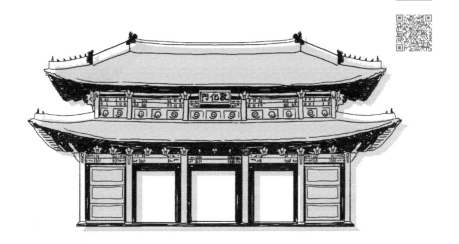

돈화문은 창덕궁의 정문이다. '돈화'라는 말은 원래 중용에서 인용한 것으로 '공자의 덕을 크게는 임금의 덕에 비유할 수 있다'는 표현으로 여기에서는 의미가 확장되어 '임금이 큰 덕을 베풀어 백성들을 돈독하게 교화한다'는 뜻으로 쓰인 것이다. 보물 제383호인 돈화문은 현존하는 궁궐의 대문 중에서 가장 오래된 목조 건물로, 1412년 5월에 세워졌으며, 1609년(광해원년)에 중수했다고 한다.

돈화문에는 원래 현판이 없다가 성종 때 서거정에게 분부하여 이름을 지어서 걸게 하였다. 2층 문루에는 종과 북이 있어 정오와 인정, 파루에 시각을 알려주었다고 한다. 정오를 알리기 위해 북을 치는데 이것을 오고라고 하며, 인정은 통행금지를 알리기 위해 28번 종을 치는 것이고, 파루는 통행금지 해제를 알리기 위해 33번의 종을 치는 것을 말한다. 돈화문은 정면 5칸 측면 2칸의 남향 건물이고, 좌우 협칸을 벽체로 막아 3문형식이다. 중앙은 어문으로 왕의 전용 문이고, 좌우문은 당상관이상 높은 관료가 드나들던 문이지만, 3사(홍문관, 사헌부, 사간원)의 언관은 관직은 낮아도 좌우 문을 드나들게 한 특별한 혜택이 있었다.

분류	유적건조물
수량/면적	1동
소재지	서울시 종로구 율곡로 99
시대	조선
소유	국유
관리	문화재청 창덕궁관리소

국보 제225호
창덕궁 인정전

분류	유적건조물
수량/면적	1동
소재지	서울시 종로구 율곡로 99
시대	조선
소유	국유
관리	문화재청 창덕궁관리소

인정전은 창덕궁의 정전이다. '인정은 '어진 정치'라는 뜻이며, 인정전은 창덕궁의 법전이 된다. 법전은 왕의 즉위식을 비롯하여 결혼식, 세자 책봉식 그리고 문무백관의 하례식 등 공식적인 국가 행사 때의 중요한 건물이다. 광해군 때 중건된 이후 순조 3년(1803)에 일어난 화재로 인한 재건, 그리고 철종 8년(1857년)에 보수공사 이후 지금에 이르고 있다.

인정전의 넓은 마당은 조회가 있었던 뜰이란 뜻으로 조정이라고 부른다. 삼도 좌우에 늘어선 품계석은 문무백관의 위치를 나타내는 표시로 문무관으로 각각 18품계를 새겼다. 그러나 정4품부터는 종을 함께 포함했으므로 정1품에서 시작하여 정9품으로 끝나며 각각 동, 서로 12개씩 있다. 정조 때 조정

의 위계질서가 문란해졌다고 하여 신하의 품계에 따른 비석을 세우게 된 것인데, 3품 이상을 당상관
이라 하고, 3품 이하를 당하관이라 한다.

품계석에 맞추어 동편에는 문관, 서편에는 무관이 중앙을 향해 서는데, 문관은 동쪽에 위치하므로 동
반, 무관은 서쪽에 위치하므로 서반이라 하였으며 이를 합쳐서 조선시대의 상류 계급인 양반이 된다.
문무관은 임금님을 향해 바라보는 게 아니라 문관은 무관을, 무관은 문관을 서로 마주 보며 종렬로
서게 되는데 임금님께 절을 하라고 "배-"하는 구령이 떨어지면 홀을 든 채 국궁배례하며 서있는 채
로 마주 보며 절을 하고, 이것을 '곡배'라고 부른다.

보물 제813호
창덕궁 인정문

인정문은 창덕궁의 중심 건물인 인정전의 정문이다. 효종·현종·숙종·영조 등 조선왕조의 여러 임금이 이곳에서 즉위식을 거행하고 왕위에 올랐다.

건물은 앞면 3칸·옆면 2칸 규모이며 지붕은 옆면에서 볼 때 여덟 팔(八)자 모양을 한 팔작지붕이다. 지붕 처마를 받치기 위해 장식하여 만든 공포는 기둥과 기둥 사이에도 있는 다포 양식으로 꾸몄다.
건물 안쪽 천장은 천장 재료가 훤히 보이는 연등천장이며, 단청은 가장 소박하게 꾸몄다.
왕위를 이어받는 의식이 거행되던 곳으로, 정전인 인정전과 함께 조선왕조 궁궐의 위엄과 격식을 가장 잘 간직하고 있는 건축물이다.

분류	유적건조물
수량/면적	1동
소재지	서울시 종로구 율곡로 99
시대	조선
소유	국유
관리	문화재청 창덕궁관리소

보물 제814호
창덕궁 선정전

선정'이란 '정치와 교육을 널리 펼친다'는 뜻이며, 선정전은 임금의 공식 집무실인 편전이다. 편전이란 임금과 신하가 정치를 논하고, 유교경전과 역사를 공부하는 곳을 말하며. 이곳에서 임금과 신하들이 정치를 논하는 것을 '상참'이라고 한다. 상참에 참여할 수 있는 신하는 3품의 당상관 이상이다.

이처럼 그 용도가 매우 중요해서인지 다른 전각들과 달리 지붕도 청색 유리 기와로 덮은 청기와인데 이 기법은 중국에서 도입한 것으로 '회회청'이라는 비싼 안료를 외국에서 수입하여 청기와를 구웠다고 하며, 선정전은 현재 궁궐에 남아 있는 유일한 청기와 집이다.

지금의 선정전은 인조 25년(1647)에 광해군이 인왕산 아래에 세웠던 '인경궁'의 광정전을 헐어다가 중건한 조선중기의 대표적인 아름다운 목조건물이다. 선정전에서 임금과 신하가 국사를 논할 때에는 사관이 임금의 좌우에서 회의내용을 기록했으며 이를 사초라고 한다. 사초를 토대로 선왕이 죽은 뒤 새로운 왕이 실록을 편찬하는데 이것이 현재의 조선왕조실록이며 473년간의 분량이 지금도 고스란히 남아 있어 유네스코에 세계기록유산으로 지정되어 있다.

분류	유적건조물 / 정치국방 궁궐·관아 / 궁궐
수량/면적	1동
소재지	서울시 종로구 율곡로 99
시대	조선
소유	국유
관리	문화재청 창덕궁관리소

보물 제815호
창덕궁 희정당

분류	유적건조물
수량/면적	1동
소재지	서울시 종로구 율곡로 99
시대	조선
소유	국유
관리	문화재청 창덕궁관리소

희정당은 본래 침전으로 사용하다가, 조선 후기부터 임금님의 집무실로 사용하였다. 건물을 지은 시기는 확실하지 않으나, 조선 연산군 2년(1496)에 숭문당이라는 건물이 소실되어 이를 다시 지으면서 이름을 희정당이라 부르게 되었다. 그 후 몇 차례의 화재로 다시 지었는데 지금 있는 건물은 일제강점기인 1917년에 불에 탄 것을 경복궁의 침전인 강녕전을 헐고 1920년에 지은 것이다.

규모는 앞면 11칸·옆면 4칸으로 한식 건물에 서양식 실내장식을 하고 있다. 지붕은 옆면에서 볼 때 여덟 팔자 모양을 한 팔작지붕으로 꾸몄다. 앞면 9칸·옆면 3칸을 거실로 하고 주위는 복도로 사용하였다. 앞면 9칸 중 3칸은 응접실이며 서쪽은 회의실로 꾸미고, 동쪽은 여러 개의 방으로 나누었다.

응접실에는 김규진의 금강산총석정절경도, 금강산 만물초승경도의 벽화가 걸려있다. 건물 앞쪽에는 전통 건물에서 볼 수 없는 현관이 생겼고 자동차가 들어설 수 있게 설비되었다. 이는 마차나 자동차가 사용되기 시작하면서 채택된 서양식 구조라 할 수 있다.

조선 후기와 대한제국시대에 왕의 사무실과 외국 사신 등을 접대하는 곳으로 사용하면서 한식과 서양식이 어우러진 건물로, 시대의 변천사를 엿볼 수 있는 건축이라 할 수 있다.

보물 제816호
창덕궁 대조전

대조전은 왕비가 거처하는 내전 중 가장 으뜸가는 건물이다. 이 건물에서 조선 제9대 왕인 성종을 비롯하여 인조·효종이 죽었고, 순조의 세자로 뒤에 왕으로 추존된 익종이 태어나기도 하였다.

조선 태종 5년(1405)에 지었는데 임진왜란 때를 비롯하여 그 뒤로도 여러 차례 불이 나서 다시 지었다. 1917년 또 화재를 당하여 불에 탄 것을 1920년에 경복궁의 교태전을 헐고 그 부재로 이곳에 옮겨지어 '대조전'이란 현판을 걸고 오늘에 이르고 있다. 수차례에 걸쳐 다시 지었기 때문에, 건물 자체는 물론 주변의 부속 건물들도 많은 변화를 거쳤다. 대조전은 현재 36칸으로 앞면 9칸·옆면 4칸이며, 지붕은 옆면에서 볼 때 여덟 팔자 모양을 한 팔작지붕이다. 건물 가운데 3칸은 거실로 삼았으며, 거실의 동·서쪽으로 왕과 왕비의 침실을 두었다. 각 침실의 옆면과 뒷면에는 작은방을 두어 시중드는 사람들의 처소로 삼았다. 건물 안쪽에는 서양식 쪽마루와 유리창, 가구 등을 구비하여 현대적인 실내 장식을 보이고 있다.

분류	유적건조물
수량/면적	일곽
소재지	서울시 종로구 율곡로 99
시대	조선
소유	국유
관리	문화재청 창덕궁관리소

보물 제 817호
창덕궁 선원전

선원전은 조선시대 역대 임금의 초상을 봉안하고 제사를 지내는
건물로 궁궐 밖으로는 종묘를 두었고, 궁 안에는 선원전을 두었다
고 한다.

원래 춘휘전이란 건물로 조선 효종 7년(1656) 경덕궁의 경화당을
옮겨지은 것으로, 숙종 21년(1695)에 선원전으로 이름을 바꾸었
다. 이곳에는 숙종·영조·정조·순조·익종·헌종의 초상을 모시고
있다. 1921년 창덕궁 후원 서북쪽에 선원전을 새로 지어 왕의 초
상을 옮긴 뒤부터 구선원전으로 불리게 되었다. 새로 지은 선원
전에 옮긴 왕의 초상은 1950년 한국전쟁 당시 화재로 소실되어
아쉬움을 더 한다.
구조적으로 간결하고 불필요한 장식을 꾸미지 않은 건물로, 조선
시대 왕실 제사용 건물의 유례를 볼 수 있는 중요한 건물이다.

분류	유적건조물 / 정치국방 궁궐·관아 / 궁궐
수량/면적	1동
소재지	서울시 종로구 율곡로 99
시대	조선
소유	국유
관리	문화재청 창덕궁관리소

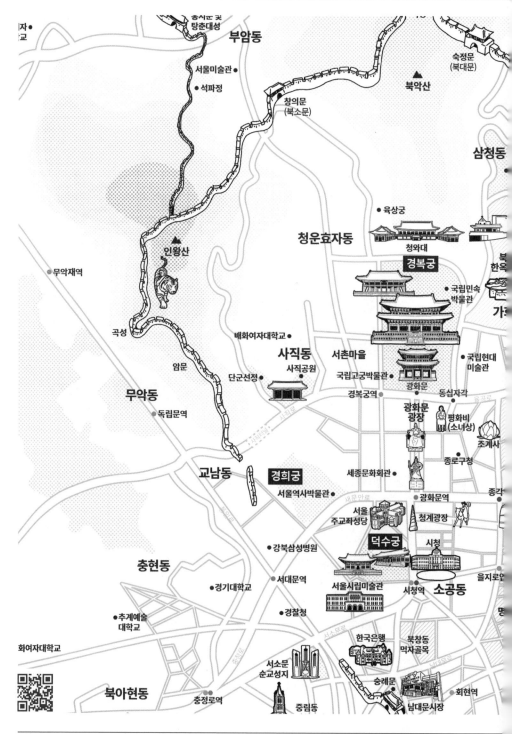

부암동

충서또 꽃
탕춘대성

서울미술관

석파정

숙정문
(북대문)

북악산

창의문
(북소문)

삼청동

육상궁

청운효자동

청와대

경복궁

북
한옥

무악재역

인왕산

국립민속
박물관

가

곡성

배화여자대학교

사직동

서촌마을

국립현대
미술관

암문

단군선정

사직공원

국립고궁박물관

광화문

동십자각

무악동

독립문역

경복궁역

광화문
광장

평화비
(소녀상)

조계사

교남동

경희궁

서울역사박물관

세종문화회관

종로구청

종

광화문역

종각

충현동

경기대학교

추계예술
대학교

서대문역

경찰청

서울
주교좌성당

청계광장

덕수궁

시청

강북삼성병원

서울시립미술관

시청역

소공동

을지로입

화여자대학교

서소문
순교성지

한국은행

북창동
먹자골목

북아현동

충정로역

중림동

숭례문

회현역

남대문시장

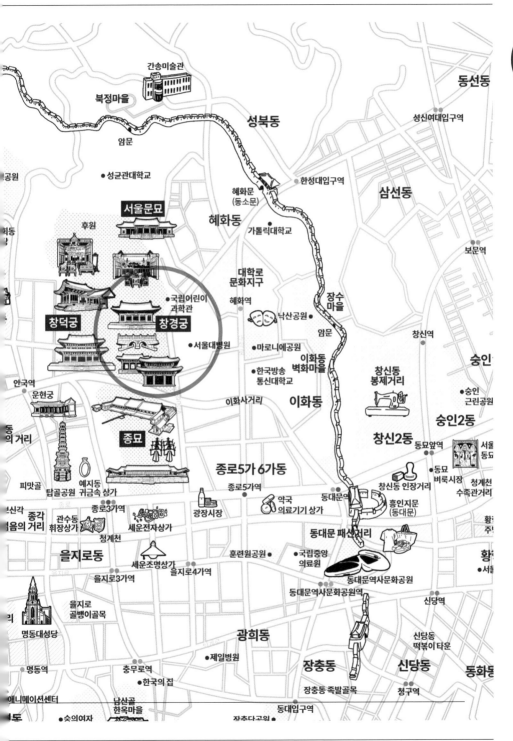

간송미술관

북정마을

성북동

동선동

암문

성신여대입구역

성균관대학교

혜화문
(동소문)

한성대입구역

삼선동

서울문묘

후원

혜화동

가톨릭대학교

보문역

창덕궁

국립어린이
과학관

창경궁

대학로
문화지구

혜화역

낙산공원

장수
마을

암문

창신역

숭인

안국역

서울대병원

마로니에공원

이화동
벽화마을

창신동
봉제거리

숭인
근린공원

운현궁

한국방송
통신대학교

이화사거리

이화동

숭인2동

종묘

의 거리

이화동

창신2동

동묘앞역

종로5가 6가동

피맛골

예지동
귀금속 상가

종로5가역

창신동 인장거리

동묘

벼룩시장

서울
동묘

청계천
수족관거리

탑골공원

신각

종로3가역

관수동
휘장상가

세운전자상가

광장시장

약국
의료기기 상가

동대문역

흥인지문
(동대문)

황

주

종각
음의 거리

청계천

을지로동

세운조명상가

을지로3가역

을지로4가역

훈련원공원

동대문 패션거리

국립중앙
의료원

동대문역사문화공원

동대문역사문화공원역

황

서

명동대성당

을지로
골뱅이골목

광희동

신당역

명동역

제일병원

충무로역

한국의 집

장충동

신당동
떡볶이 타운

신당동

동화동

애니메이션센터

남산골
한옥마을

장충동 족발골목

청구역

숙의여자

동대입구역

장충다고원

동

국보 제226호
창경궁 명정전

명정전은 창경궁의 정전으로 신하들이 임금에게 새해 인사를 드리거나 국가의 큰 행사를 치르던 장소로 사용하였으며, 외국 사신을 맞이하던 장소로도 이용하였다. 조선 성종 15년(1484)에 지었는데, 임진왜란 때 불에 탄 것을 광해군 8년(1616)에 다시 지었다.

분류	유적건조물 / 정치국방 궁궐·관아 / 궁궐
수량/면적	1동
소재지	서울시 종로구 창경궁로 185
시대	조선
소유	국유
관리	문화재청 창경궁관리소

앞면 5칸·옆면 3칸 규모의 1층 건물로, 경복궁의 근정전과 창덕궁의 인정전이 2층 규모로 거대하게 지어진 것에 비해 궁궐의 정전으로서는 작은 규모이다. 지붕은 옆면에서 볼 때 여덟 팔자 모양인 팔작지붕이며, 지붕 처마를 받치기 위해 장식하여 짜인 구조가 기둥 위뿐만 아니라 기둥 사이에도 있는 다포 양식이다. 기

둥 위의 장식적인 짜임은 그 짜임새가 매우 건실하며, 그 형태가
힘차고 균형이 잡혀 있어 조선 전기의 양식을 잘 보여주고 있다.
내부 바닥에는 벽돌을 깔았고 왕이 앉는 의자 뒤로 해와 달, 5개
의 봉우리가 그려진 일월오악도 병풍을 설치하였다. 건물 계단
앞에는 신하들의 신분을 나타내는 24개의 품계석이 놓여 있다.
명정전 남측의 문정전과 주변 행각은 1983년부터 3년간에 걸친
복원공사로 대부분 복원하였고, 일본 강점기 때 격하되었던 창경
원의 명칭을 창경궁으로 환원하였다. 창경궁의 명정전은 임진왜
란 이후에 다시 지은 건물이지만, 조선 전기 건축 양식의 특징을
잘 계승하고 있는 건물로 건축사 연구에 귀중한 자료가 된다.

보물 제384호
창경궁 홍화문

창경궁 홍화문은 창경궁의 정문으로 조선 성종 15년(1484)에 지은 건물이다. 임진왜란(1592) 때 불에 타, 광해군 8년(1616)에 다시 지었고 지금 있는 건물은 그 뒤로도 여러 차례 수리하였다.

규모는 앞면 3칸·옆면 2칸의 2층 건물로 동쪽을 향하고 있는 점이 특징이며, 지붕은 앞쪽에서 볼 때 사다리꼴을 한 우진각지붕이다. 지붕 처마를 받치기 위해 장식하여 만든 공포는 기둥 위뿐만 아니라 기둥 사이에도 있는 다포 양식으로 꾸몄다. 아래층은 기둥 사이마다 2짝씩 문짝을 달아 사람이 드나들게 하였으며 위층은 마루를 깔고 앞뒤 벽면에 조그만 널문들을 달아 여닫을 수 있게 만들었다. 지붕 꼭대기 양 끝의 조각과 부드럽게 굽어 내린 내림마루 부분의 조각상이 건물의 위엄을 한층 더 돋구고 있다.

여러 차례의 수리와 단청으로 고유의 아름다움을 잃었지만, 창경궁·창덕궁과 같은 건물과 함께 17세기 초반 목조건축의 연구 자료로서 중요한 가치를 지니고 있는 건물이다.

분류	유적건조물 / 정치국방 궁궐·관아 / 궁궐
수량/면적	1동
소재지	서울시 종로구 창경궁로 185
시대	조선
소유	국유
관리	문화재청 창경궁관리소

보물 제385호
창경궁 명정문 및 행각

성종 15년(1484) 창경궁을 세울 때에 지은 것이지만 임진왜란으로 불에 타 광해군 시절 다시 지었다. 회랑 중 남쪽과 북쪽 일부분은 일제시대 때 철거되었던 것을 1986년 복원한 것인데, 2칸 규모로 기둥 윗부분에 새부리 모양으로 뻗어 나온 장식을 하였다.

명정문의 규모는 앞면 3칸·옆면 2칸이며 지붕은 옆면에서 볼 때 여덟 팔자 모양을 한 팔작지붕이다. 지붕 처마를 받치기 위해 장식하여 짜은 구조가 기둥 위뿐만 아니라 기둥 사이에도 있는데 이를 다포 양식이라 한다. 건물 안쪽은 천장의 뼈대가 훤히 보이는 연등천장이지만 일부는 천장 속을 가리는 우물천장으로 꾸몄다.

건물의 짜임이 착실하고 알차서 조선 중기의 문을 대표할 만하고 짜임새가 조선 전기 건축양식의 형태를 잘 간직하고 있어 궁궐 중문건축 연구에 중요한 자료가 되고 있다.

분류	유적건조물 / 정치국방 궁궐·관아 / 궁궐
수량/면적	일곽(3동)
소재지	서울시 종로구 창경궁로 185
시대	조선
소유	국유
관리	문화재청 창경궁관리소

보물 제386호
창경궁 옥천교

이 돌다리는 창경궁의 정문인 홍화문에 들어서면, 북에서 남으로 흐르는 옥류천을 가로질러 있는 것으로 산천의 정기를 옮겨다 주는 명당수가 흐르는 곳이다. 전체적인 형태는 반원아치 형태의 홍예 2개를 이어붙여 안정감이 느껴지며, 궁궐의 다리에 맞는 격식을 갖추고 있다.

홍예가 이어지는 공간에는 억센 표정을 하고 있는 도깨비 얼굴을 새겨놓아 주의를 끄는데, 공간에 맞추려는 듯 이마가 넓고 턱이 좁아 삼각형을 이루고 있다. 다리의 양옆에 두어 이곳을 오가는 이들을 보호하려는 의도로 보인다. 다리 위는 중간 부분이 무지개처럼 약간 둥그스름하며, 다리의 너비는 널찍하게 두었는데, 이는 임금님이 거동할 때 좌우를 옹위하는 의장대 행렬까지 고려한 것이다. 다리의 좌우로는 아름다운 난간을 세우고 양 끝의 기둥 위에는 돌짐승을 둥글게 깎아 두었다.

궁궐 안의 다리인 만큼 각 부분의 양식과 조각이 특별하며, 특히 다른 궐의 어느 것보다도 아름다운 모습을 지니고 있어 이 다리만 보물로 지정되어 있다. 만들어진 시기는 창경궁을 짓던 때와 연관 지어 조선 성종 14년(1483)인 것으로 여겨진다.

분류	유적건조물 / 교통통신 교통 / 교량
수량/면적	1기
소재지	서울시 종로구 창경궁로 185
시대	조선
소유	국유
관리	문화재청 창경궁관리소

보물 제818호
창경궁 통명전

창경궁 안에 있는 내전의 으뜸 전각으로 연회 장소로도 사용했던 곳이다. 조선 성종 15년(1484) 처음 지었던 건물이 임진왜란의 피해로 불에 타 버려 광해군 때 고쳐지었으나 정조 14년(1790) 다시 화재로 소실되었다. 지금 있는 건물은 순조 34년(1834) 창경궁을 고쳐 세울 때 같이 지은 것이다.

규모는 앞면 7칸·옆면 4칸이며, 지붕은 옆면에서 볼 때 여덟 팔자 모양을 한 팔작지붕으로 지붕 위에 용마루가 없다. 지붕 처마를 받치기 위해 장식하여 짜은 구조가 기둥 위와 기둥 사이에도 있는 다포 양식이다. 공포는 새 날개 모양으로 뻗쳐 나온 재료 구성이 조선 중기 양식의 특징과 정결한 건물의 느낌을 잘 살리고 있다. 건물 왼쪽으로 돌난간을 만들어 놓은 연못과 둥근 화강석을 두른 샘, 건물 뒤쪽에 꾸민 정원이 한층 더 정감 어린 풍경을 만들고 있다. 궁궐 안 내전 중 가장 큰 건물로 옛 격식을 잘 보존하고 있으며 19세기 건축 양식 연구에도 귀중한 자료가 되는 문화재이다

분류	유적건조물 / 정치국방 궁궐·관아 / 궁궐
수량/면적	1동
소재지	서울시 종로구 창경궁로 185
시대	조선
소유	국유
관리	문화재청 창경궁관리소

보물 제846호
창경궁 풍기대

분류	유물 / 과학기술
	계측교역기술용구
	도량형
수량/면적	1기
소재지	서울시 종로구
	창경궁로 185
시대	조선
소유	국유
관리	문화재청 창경궁관리소

풍기대란 바람의 방향과 세기를 추정하는 깃발을 세운 대이다. 이 풍기대는 화강암으로 만들었으며 높이 228㎝로 아래에 상을 조각한 대를 놓고 그 위에 구름무늬를 양각한 8각 기둥을 세운 모양이다. 8각 기둥 맨 위의 중앙에는 깃대 꽂는 구멍이 있고, 그 아래 기둥 옆으로 배수 구멍이 뚫려 있다. 깃대의 길이는 확실하지 않으며 깃대 끝에 좁고 긴 깃발을 매어 그것이 날리는 방향으로 풍향을 재고, 나부끼는 정도로 바람의 세기를 잴 수 있었다. 풍향은 24방향으로 표시하고 풍속은 그 강도에 따라 8단계 정도로 분류했을 것으로 생각된다.

풍향의 측정은 농업에 있어 빼놓을 수 없는 중요한 관측 자료로 세종 때부터는 제도화되었으리라 생각된다. 강우량을 측정하는 수표의 경우와 같이 처음에는 풍기대를 절의 당간 지주처럼 만들었으리라 추측된다. 풍기대는 지금은 없어지고 그림으로만 남아 있는 조선시대 관측기의 실증적 유물로, 기상관측기의 선구적인 위치를 차지하는 것이다.

보물 제851호
창경궁 관천대

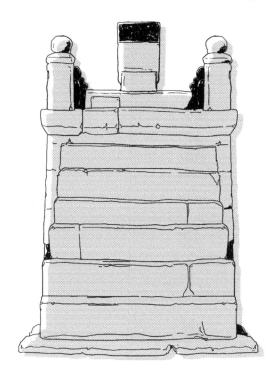

분류	유물 / 과학기술
	천문지리기구 / 천문
수량/면적	1기
소재지	서울시 종로구
	창경궁로 185
시대	조선
소유	국유
관리	문화재청 창경궁관리소

서울에는 현재 조선시대에 만든 2개의 관천대가 있다. 하나는 창경궁 안에 있는 것이고, 다른 하나는 제작 연대가 알려져 있지 않으나 옛 북부 관상감 자리인 전 휘문고등학교 교지에 있는 것인데, 두 관천대는 구조나 크기, 제작 방법이 거의 같다.

창경궁 안에 있는 이 천문 관측소는 「서운관지」에 의하면 조선 숙종 14년(1688)에 만들어졌다. 높이 3m, 가로 2.9m, 세로 2.3m 정도의 화강암 석대 위에 조선시대 기본적인 천체관측 기기의 하나인 간의를 설치하고 천체의 위치를 관측하였다고 한다. 지금은 간의는 없고 석대만 남아 있는데, 당시에는 관측소를 소간의대, 또는 첨성대라고도 불렀다.
관상감의 관원들은 이 관측대에서 하늘에서 일어나는 모든 현상을 끊임없이 관측하였다. 17세기의 천문 관측대로서는 비교적 완전한 모습으로 남아 있다는 점에서 귀중하며, 관상감에 세워졌던 조선 초기의 또 하나의 관천대와 함께 조선시대 천문대 양식을 나타내는 대표적인 유물이다.

보물 제569-4호
안중근의사유묵
-치악의악식자부족여의

치악의악식자부족여의
거친 옷과 거친 음식을
부끄럽게 여기는 사람은
더불어 논의할 수 없다.

분류	기록유산 / 서간류
	서예 / 서예
수량/면적	1점
소재지	서울시 종로구
	청와대로 1 (세종로)
시대	대한제국
소유	국유
관리	청와대

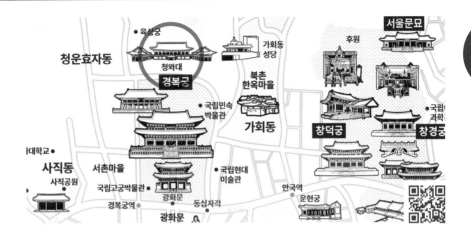

「안중근의사유묵-치악의악식자부족여의」는 안중근(1879~
1910) 의사가 1909년 10월 26일 만주 하얼빈 역에서 조선 침략의
원흉 이토 히로부미를 사살한 뒤 뤼순감옥에서 1910년 3월 26일
사망하기 전까지 옥중에서 휘호한 유묵을 일괄·지정한 것 중의
하나이다. 일괄 지정된 이 작품들은 1910년 2월과 3월에 쓴 것으
로 글씨 좌측에 "경술이(삼)월, 어여순옥중, 대한국인안중근서"
라고 쓴 뒤 손바닥으로 장인을 찍었다.

글씨 내용은 『논어』·『사기』 구절 등 교훈적인 것이 많으며, 자신
의 심중을 나타낸 것, 세상의 변함을 지적한 것, 일본에 경계하는
것, 이밖에 어떤 사람의 당호를 써준 것 등이다.

유묵 대부분은 당시 검찰관, 간수 등 일본인에게 써준 것들이다.
그중 제569-21호는 러일전쟁 때 종군했다가 전쟁이 끝난 뒤 여
순감옥에서 근무했던 사람(오리타타다스)이 받은 것으로, 8·15
광복으로 그의 가족들이 일본으로 귀국할 때 조카(오리타간지)에
게 넘겨주었고, 그것이 1989년 2월 20일 단국대학교에 기증되었
다. 또 569-25호는 안의사 수감 당시 뤼순감옥에서 경관을 지냈
던 이의 손자(야기마사즈미)가 2002년 10월에 안중근의사숭모
회에 기증한 것이다. 또 제569-22, 23호는 앞쪽에 "야스오까 검
찰관에게 증여한다"라고 적었듯이 당시 관련했던 검찰관에게 써
준 것이다.

보물 제215호
서울 북한산 구기동
마애여래좌상

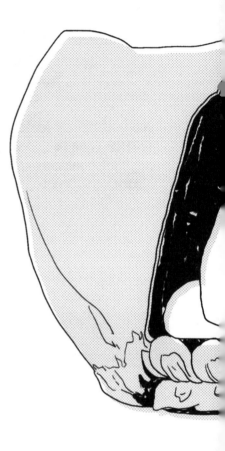

분류	유물 / 불교조각
	석조 / 불상
수량/면적	1곽
소재지	서울시 종로구
	비봉2길 304
시대	고려
소유	국유
관리	종로구

거대한 바위 면에 홈을 약간 판 다음 불상을 도드라지게 새겼으며, 머리 위에는 8각의 머릿돌을 끼워 넣어 얼굴을 보호하고 있다.

다소 딱딱해 보이지만 강한 의지가 느껴지는 얼굴에는 단정한 미소가 흐르고 있다. 몸은 건장하고 당당하지만 각이지고 평판적인 형태미를 보여주고 있어서 경직된 모습이 나타난다. 옷은 오른쪽 어깨를 드러내고 왼쪽 어깨에만 걸쳐 입고 있으며, 왼팔에 새겨진 옷 주름에서는 기하학적인 추상성이 엿보인다. 손은 왼손을 배 부분에 대고 오른손은 무릎 위에 가지런히 올려 놓고 있는 모습이고, 불상이 앉아 있는 대좌에는 화사한 연꽃 무늬가 겹쳐서 새겨져 있다.

강한 느낌의 얼굴, 평면적인 신체 등의 전통적인 양식에 다소 추상성을 가미하면서 웅대하게 변모시킨 고려 초기의 대표적인 마애불좌상으로 높이 평가된다.

보물 제235호
서울 장의사지 당간지주

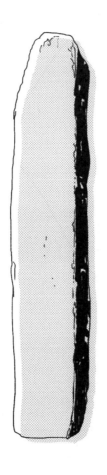
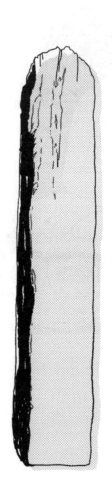

분류	유적건조물 / 종교신앙
	불교 / 당간
수량/면적	1기
소재지	서울시 종로구
	세검정로9길 1
시대	통일신라
소유	국유
관리	종로구

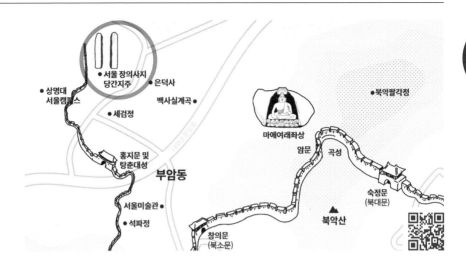

당간지주는 사찰 입구에 세워두는 것으로, 절에서는 행사나 의식
이 있을 때 당이라는 깃발을 달아두는데, 깃발을 걸어두는 길쭉
한 장대를 당간이라 하며, 당간을 양쪽에서 지탱해 주는 두 돌기
둥을 당간지주라 한다. 이 당간지주는 지금은 세검정 초등학교가
들어서 있는 장의사의 옛터에 동서로 마주 서 있다.
장의사는 백제와의 싸움으로 황산(지금의 논산으로 추정)에서 전
사한 신라의 장수 장춘랑과 파랑의 명복을 빌기 위해 신라 무열
왕 6년(659)에 세웠다고 전한다.

이 당간지주는 마주 보는 기둥의 바깥 면 두 모서리를 죽여 약간
의 장식을 보이고, 기둥머리는 안쪽 면에서부터 바깥쪽으로 약
간 평평하다가 이내 원을 그리며 깎여 있다. 당간을 단단히 고정
시키기 위해 안쪽 면 윗부분 가까이에 둥근 구멍을 뚫어 놓았다.
대개의 경우 당간을 꽂기 위한 장치를 하더라도 기둥머리에 따로
홈을 내는 것이 보통인데, 여기에서는 그 유례를 따르지 않고 있
어 흥미롭다. 전체적으로 높이에 비하여 중후한 편이며, 별다른
장식이 가해지지 않은 매우 소박한 모습이다. 세워진 시기는 확
실히 알 수 없으나, 망덕사 터의 당간지주와 비교하여 볼 때 통일
신라시대의 작품으로 추측된다.

보물 제177호
사직단 대문

분류	유적건조물 / 정치국방
	궁궐·관아 / 제단
수량/면적	1동
소재지	서울시 종로구
	사직로9길 5
시대	조선
소유	국유
관리	문화재청 종묘관리소

사직단이란 나라와 국민 생활의 편안을 빌고 풍년을 기원하며 제
사 지내는 곳으로 사는 땅의 신을, 직은 곡식의 신을 말한다. 또한
나라에 큰일이 있을 때나 비가 오지 않아 가뭄이 든 때에 의식을
행하기도 하였다.

이 문은 사직단의 정문으로 태조 3년(1394) 사직단을 지을 때 함
께 지었으나 임진왜란 때 불타 버렸다. 그 뒤 숙종 46년(1720) 큰
바람에 기운 것을 다시 세웠다는 「조선왕조실록」의 기록으로 미
루어 임진왜란 후에 새로 지은 것으로 짐작한다. 지금 있는 자리
는 1962년 서울시 도시 계획에 따라 14m 뒤쪽으로 옮긴 것이다.
건물의 규모는 앞면 3칸·옆면 2칸이며, 지붕은 옆면에서 볼 때 사
람 인자 모양을 한 맞배지붕이다. 지붕 처마를 받치는 장식 구조
는 새부리 모양의 부재를 이용해 기둥 위에서 보를 받치고 있다.
전체적으로 소박한 기법과 튼튼한 짜임새를 갖추고 있어, 사직단
정문의 법식과 넉넉한 느낌을 주는 건축 문화재이다.

보물 제1호
서울 흥인지문

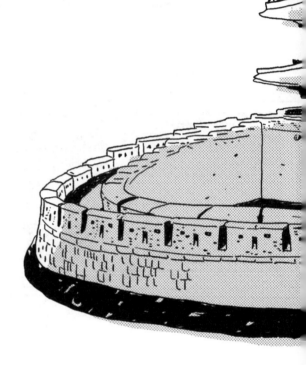

분류	유적건조물 / 정치국방
	성 / 성곽시설
수량/면적	1동
소재지	서울시 종로구
	종로 288
시대	조선
소유	국유
관리	종로구

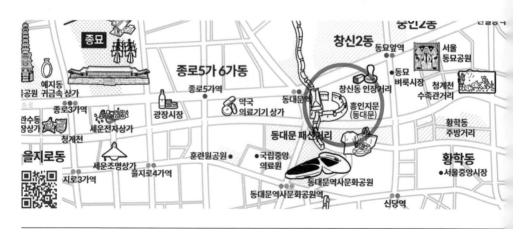

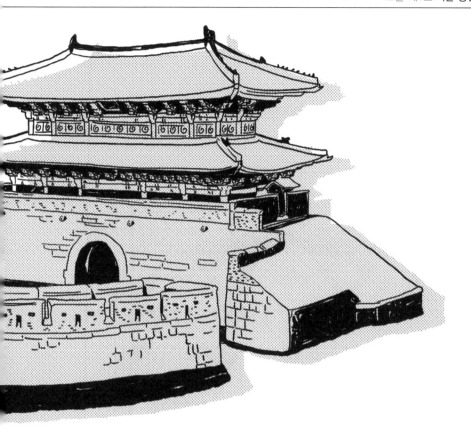

서울 성곽은 옛날 중요한 국가시설이 있는 한성부를 보호하기 위해 만든 도성으로, 흥인지문은 성곽 8개의 문 가운데 동쪽에 있는 문이다. 흔히 동대문이라고도 부르는데, 조선 태조 5년(1396) 도성 축조 때 건립되었으나 단종 원년(1453)에 고쳐지었고, 지금 있는 문은 고종 6년(1869)에 새로 지은 것이다.

앞면 5칸·옆면 2칸 규모의 2층 건물로, 지붕은 앞면에서 볼 때 사다리꼴 모양을 한 우진각 지붕이다. 지붕 처마를 받치기 위해 장식하여 만든 공포가 기둥 위뿐만 아니라 기둥 사이에도 있는 다포 양식인데, 그 형태가 가늘고 약하며 지나치게 장식한 부분이 많아 조선 후기의 특징을 잘 나타내주고 있다. 또한 바깥쪽으로는 성문을 보호하고 튼튼히 지키기 위하여 반원 모양의 옹성을 쌓았는데, 이는 적을 공격하기에 합리적으로 계획된 시설이라 할 수 있다.

흥인지문은 도성의 8개 성문 중 유일하게 옹성을 갖추고 있으며, 조선 후기 건축 양식을 잘 나타내고 있다.

보물 제142호
서울 동관왕묘

분류	유적건조물 / 정치국방
	궁궐·관아 / 사우
수량/면적	1곽
소재지	서울시 종로구
	난계로27길 84
시대	조선
소유	국유
관리	종로구

서울 흥인지문(보물 제1호) 밖에 있는 동관왕묘는 중국 촉한의 유명한 장군인 관우에게 제사 지내는 묘이다. 동관왕묘를 짓게 된 이유는 임진왜란 때 조선과 명나라가 왜군을 물리치게 된 까닭이 성스러운 관우 장군께 덕을 입었기 때문이라고 여겨서인데, 명나라의 왕이 직접 액자를 써서 보내와 공사가 이루어졌다.

동관왕묘는 선조 32년(1599)에 짓기 시작하여 2년 뒤인 1601년에 완성되었다. 현재 건물 안에는 관우의 목조상과 그의 친족인 관평, 주창 등 4명의 상을 모시고 있다. 규모는 앞면 5칸·옆면 6칸이고 지붕은 T자형의 독특한 구성을 하고 있으며, 지붕 무게를 받치는 장식은 새의 부리처럼 뻗어 나오는 익공계 양식이다.

평면상의 특징은 앞뒤로 긴 직사각형을 이루고 있다는 점과 옆면과 뒷면의 벽을 벽돌로 쌓았다는 점이다. 또한 건물 안쪽에는 화려한 장식이 돋보이는데, 이와 같은 특징들은 중국의 영향을 받은 것으로 한국의 다른 건축들과 비교해 색다른 모습을 보여주고 있다.

보물 제141호
서울 문묘 및 성균관

분류	유적건조물 / 교육문화
	교육기관 / 성균관
수량/면적	5동
소재지	서울시 종로구
	성균관로 25-1
시대	조선
소유	국유
관리	종로구

서울 문묘는 조선 태조 7년(1398)에 처음 세우고 정종 2년(1400)에 불에 탄 것을 태종 7년(1407)에 다시 지었으나, 이 역시 임진왜란으로 타버렸다. 지금 있는 건물들은 임진왜란 이후에 다시 지은 것이다.

문묘는 대성전을 비롯한 동무·서무 등 제사를 위한 공간인 대성전 구역과 명륜당, 동재·서재 등 교육을 위한 공간인 명륜당 구역으로 크게 나뉘어 있다.

대성전은 선조 34~35년(1601~1602)에 지은 건물로, 공자를 비롯해 증자·맹자·안자·자사 등 4대 성인과 공자의 뛰어난 제자들인 10철, 송조 6현, 그리고 우리나라 명현 18인의 위패를 모시고 있다. 규모는 앞면 5칸·옆면 4칸으로 지붕은 옆면에서 볼 때 여덟 팔자 모양을 한 팔작지붕이다. 건물의 두 옆면과 뒷면 벽 아랫부분에 돌아가며 낮게 벽담을 쌓았는데, 이는 중국 건축 기법을 느끼게 한다. 대성전 앞에 마주해 있는 동무와 서무는 공자의 제자와 중국과 우리나라 선현들의 위패를 모신 곳으로 선조 36~37년(1603~1604)에 세웠다. 동무와 서무 끝에서 시작하여 주위로 담장을 둘러 대성전 구역과 명륜당 구역을 나눈다. 교육 공간인 명륜당은 대성전의 뒤편에 위치해 있는데, 선조 39년(1606)에 지은 건물로 가운데 중당과 양옆에 있는 익실로 구분하는데, 중당은 옆면에서 사람 인자 모양인 맞배지붕이고 익실은 팔작지붕으로 중당보다 조금 낮게 구성되어 위계를 나타내 주고 있다. 지붕과 처마의 높낮이와 전체적인 건물의 균형이 우리나라 건축의 특색을 잘 나타내고 있다. 명륜당 앞에 마주하여 남북으로 길게 배치되어 있는 동재·서재는 기숙사 공간이다.

서울 문묘 및 성균관은 조선시대 공자를 비롯한 선현들의 제사와 유학교육을 담당하던 곳이며, 또한 건축사 연구의 자료로서 전통과 역사가 깊이 배어있는 곳이다.

보물 제850-2호
대동여지도

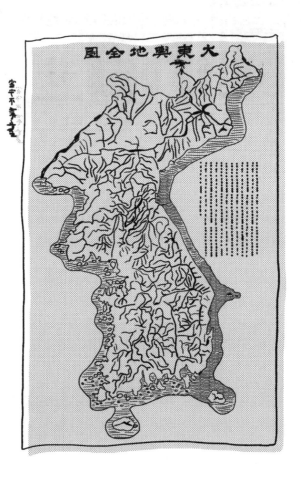

분류	유물 / 과학기술 천문지리기구 / 지리
수량/면적	1조(21첩)
소재지	서울시 종로구 새문안로 55
시대	조선
소유	공유
관리	서울역사박물관

「대동여지도」의 여러 이본 중 서울역사박물관에 소장된 지도이다. 고산자 김정호(생몰년 미상)가 1861년(철종 12)에 제작한 이 지도는 조선의 지도 발달에서 정점에 있으면서 고지도의 백미로 평가받고 있다.

전국의 남북을 22첩으로 나누어 분첩절첩식 형태로 제작하여 모두를 아래 위로 맞추면 전국 지도가 된다. 지도의 제1첩에는 방안표, 범례인 지도표와 지도유설, 경도오부지도 등과 함께 조선의 최북단인 온성, 종성, 경원 일대의 지도가 수록되어 있다. 지도의 각 첩에서 한 면은 동서 80리, 남북 120리를 포괄하고 있다. 목판은 2면을 담고 있으며, 양면에 판각되어 있다. 지도를 제작하는데 약 70장 내외의 목판이 사용된 것으로 추정되고 있다. 22첩을 함께 합치면 남~북 약 6.7m, 동~서 3.8m의 대형 지도가 되며 축적은 약 16만분의 1로 알려져 있다. 지도에는 해안선 도서, 산과 하천의 지형, 지방 군현 등이 실제와 거의 유사하게 그려져 있다. 각 군현간을 잇는 도로에는 10리마다 방점이 찍혀 있어 군현간 거리 측정이 가능하다.

서울역사박물관본 지도의 경우 경도 및 각 도별 인구·물수가 기재되어 있어 서지학적인 가치가 있다. 또한 목판 인쇄상태와 채색 솜씨, 그리고 보존상태 등이 훌륭한 것으로 평가되고 있다. 다른 이본들이 대부분 22첩으로 되어 있는데 비해 이 지도의 경우 제21첩(추자도)와 제22첩(제주도)를 함께 묶어 전체가 21첩으로 되어 있는 것이 독특하다. 「지도유설」의 경우 필사로 쓰여져 있으며, 하천과 내륙 호수의 경우 청색으로 채색되어 있다. 군현과 진보는 적색으로 테두리가 묘사되어 있으며 다른 지도에 비해 채색이 많이 되어 있지 않다.

보물 제321호
봉은사 청동 은입사 향완

분류	유물 / 불교공예
	공양구 / 공양구
수량/면적	1점
소재지	서울시 종로구
	우정국로 55 조계사
시대	고려
소유	개인소장
관리	불교중앙박물관

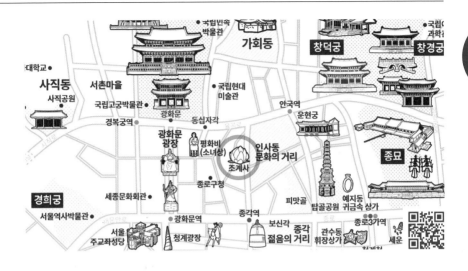

향로란 절에서 의식을 행하거나 불단 위에 올려놓고 향을 피우는 데 사용하는 공양구이다. 특히 완형의 몸체 아래 나팔형으로 벌어져 원반형의 받침을 지닌 것을 향완이라 하였다.

그 사이의 공간에는 화려한 덩굴무늬가 장식되어 있으며, 몸통 아래에 두 줄기 윤곽선으로 된 긴 연화문을 새겼다. 굽은 2단으로 되어 있고 연꽃·덩굴무늬와 구슬을 이어놓은 무늬가 있다. 굽의 윗부분에 굵은 선을 곁들인 두 선으로 테두리를 잡은 연화문과, 그 아래에 덩굴무늬를 새겼다. 외형은 좋은 비례를 보일 뿐 아니라 표면에 가득 찬 무늬는 우아하며, 은실을 입사하는 기법도 섬세하다.

몸체의 구연부 전의 뒷면에 있는 103자의 명문을 은입사로 새겼는데, '지정사년'이란 제작 시기를 통해 고려 충혜왕 5년(1334)에 만든 작품임을 알 수 있다.

국보 제237호
고산구곡시화도 병풍

분류	유물 / 일반회화
	산수화 / 산수화
수량/면적	1점
소재지	서울시 종로구 인사동 10길 17
시대	조선
소유	개인소장
관리	동방화랑

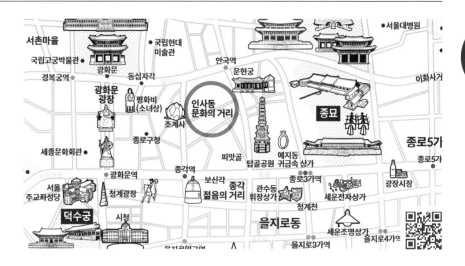

조선 후기에 만들어진 여러 화가들이 그린 그림과 시가 있는 12
폭 병풍이다.

세로 1.38m, 가로 5.62m로 바탕에 수묵과 엷은 채색을 하였다.
이이가 은거하던 황해도 고산의 아홉 경치를 1803년 7월과 9월
에 걸쳐 궁중 화가 및 문인 화가들이 그린 후 문신들이 여기에 시
를 적은 것을 모아 표구한 것이다.

각 표구의 맨 위에는 유한지가 쓴 표제가 적혀있다. 그 아래에는
이이의 고산구곡가와 송시열의 한역시들이 적혀 있다. 그리고 화
면의 중·하단에는 고산구곡의 각 경관들을 그렸고, 그 여백에는
폭마다 김가순이 쓴 글이 있다. 각 그림은 김홍도, 김득신을 비롯
한 당대 이름난 궁중 화가들이 그렸다.

실제 경치를 직접 보고 그린 것이 아니라 기존의 다른 고산구곡
도를 참고하여 그렸다. 그림마다 이이가 동자를 데리고 소요하는
장면이 그려져 있고, 각 경관들은 위에서 내려다보는 시각으로
그려졌다.

조선 후기 진경산수화와 남종화풍을 기반으로 형성된 작가들의
특색과 기량이 잘 나타나 있어, 그들의 개성과 역량을 비교해 볼
수 있다. 또한 이이, 송시열계 기호학파 학자들의 인적 계보와 성
향을 연구하는 데도 좋은 자료가 된다.

국보 제238호
소원화개첩

분류	기록유산 / 서간류
	서예 / 서예
수량/면적	1점
소재지	서울시 종로구 인사동 10길 17
시대	조선
소유	개인소장
관리	동방화랑

조선 세종의 셋째 아들인 안평대군(1418-1453)의 글씨로, 말아서
둘 수 있게 만든 형태이다.

안평대군은 어려서부터 학문을 좋아하고 시, 글씨, 그림을 모두
잘했는데 특히 글씨에 능하였다. 당시 복잡한 정권 다툼에 말려
들어 젊은 나이에 수양대군에게 죽임을 당하였고, 죽은 뒤에는
그의 글씨가 불태워져 현재 확인할 수 있는 것은 비문이나 글씨
교본 그리고 일본에 있는 〈몽유도원도〉의 발문과 〈소원화개첩〉
에서 뿐이다.

「소원화개첩」은 가로 16.5㎝, 세로 26.5㎝로 비단 위에 행서체로
쓰여진 것으로 모두 56자가 들어 있다. 글 끝에 낙관과 도장이 구
비되어 있다. 원래의 시는 당나라 시인인 이상은이 지은 것인데
원문과 다른 곳이 몇 군데 있다. 비록 소품이기는 하지만 그의 행
서체를 대표하는 작품으로 조맹부체의 영향을 받았으나 조맹부
보다도 더 웅장하고 활달한 기품이 잘 나타나 있다. 전형적인 그
의 서풍을 잘 접해 볼 수 있는 작품으로 낙관과 도장이 찍혀있어
안평대군의 진본임이 확실한, 국내에서 지금까지 발견된 그의 유
일한 작품으로 귀중한 가치가 있다.

〈소원화개첩〉은 2001년에 도난되었다.

국보 제265호
초조본 대방광불화엄경

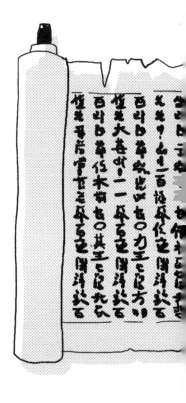

대방광불화엄경은 줄여서 '화엄경'이라고 부르기도 하며, 부처와 중생이 둘이 아니라 하나라는 것을 기본 사상으로 하고 있다. 화엄종의 근본경전으로 법화경과 함께 한국 불교사상 확립에 가장 크게 영향을 끼친 불교 경전 가운데 하나이다.

이 책은 당나라 실차난타가 번역한 「화엄경」 주본 80권 중 권 제13에 해당하며, 고려 현종 때(재위 1011~1031) 부처님의 힘으로 거란의 침입을 극복하고자 만든 초조대장경 가운데 하나이다. 닥종이에 찍은 목판본으로 두루마리처럼 말아서 보관할 수 있도록 되어 있으며, 세로 28.5cm, 가로 46.3cm 크기가 24장 연결되어 있다.

초조대장경은 이후에 만들어진 해인사 대장경(재조대장경 또는 고려대장경)과 비교해 볼 때 몇 가지 차이점이 있다. 해인사 대장

분류	기록유산 / 전적류
	목판본 / 대장도감본
수량/면적	1권1축
소재지	서울시 종로구
시대	고려
소유	개인소장
관리	개인소장

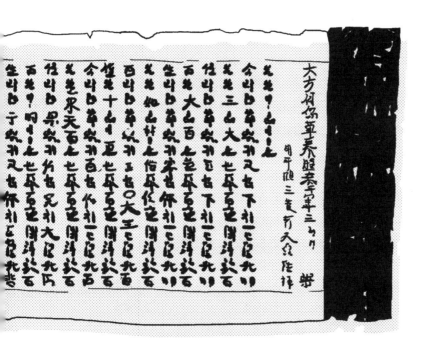

경보다 글자 수가 적고 새김이 정교한 반면에 간행 연도를 적은
기록은 없으며, 군데군데 피휘(문장에 선왕의 이름자가 나타나
는 경우 공경과 삼가의 뜻으로 글자의 한 획을 생략하거나 뜻이
통하는 다른 글자로 대치하는 것)와 약자가 나타난다. 또 초조대
장경은 책의 장수를 표시하는 데 있어서 대체로 '장'자나 '폭'자를
쓰는 데 비해 해인사 대장경은 '장'자로 통일되어 있다.

이 책의 경우에도 한 행의 글자 수가 14자로 해인사 대장경의 17
자와 구분되고 '경(竟)'자의 마지막 한 획을 생략하고 있다. 인쇄
상태나 종이의 질 등 전체적인 품격으로 보아 「초조본대방광불
화엄경」주본 권1(국보 제256호), 권29(국보 제257호), 권74(국
보 제279호), 권75(국보 제266호)와 같이 초조대장경이 만들어
진 11세기에서 12세기 사이에 간행된 것으로 보인다.

서촌마을

국립현대
미술관

국립고궁박물관

광화문

경복궁역

동십자각

안국역

운현궁

서울대병원

이화

종묘

종로5

광화문
광장

평화비
(소녀상)

조계사

인사동
문화의 거리

세종문화회관

종로구청

피맛골

탑골공원

예지동
귀금속 상가

종로

광장시장

서울
주교좌성당

덕수궁

청계광장

광화문역

종각역

보신각
젊음의 거리

종로

관수동
휘장상가

종로3가역

청계천

세운전자상가

세운조명상가

을지로동

을지로3가역

을지로4가역

훈련

서울시립미술관

시청

시청역

소공동

을지로입구역

명동거리

명동대성당

을지로
골뱅이골목

한국은행

북창동
먹자골목

명동역

충무로역

제일병원

한국의 집

숭례문

회현역

남대문시장

SBA
서울애니메이션센터

명동

숭의여자
대학교

남산골
한옥마을

장

회현동

동국대학

백범광장공원

서울역

안중근의사
기념관

남산서울타워

▲남산

국립극장

후암동

숙대입구역

남영동

해방촌

남산
야외식물원

중구

국보 제1호
서울 숭례문

분류	유적건조물 / 정치국방 성 / 성곽시설
수량/면적	1동
소재지	서울시 중구 세종대로 40
시대	조선
소유	국유
관리	문화재청 덕수궁관리소

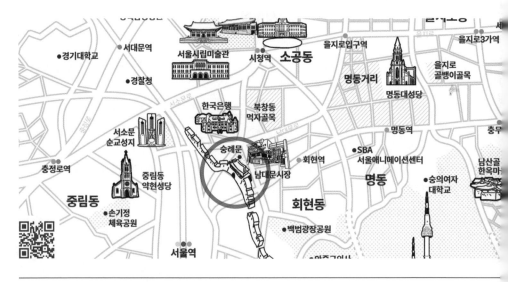

숭례문 방화 화재

2008년 숭례문 방화 사건은 2008년
2월 10일 ~ 2월 11일 숭례문 건물이
방화로 타 무너진 사건이다. 화재는
2008년 2월 10일 오후 8시 40분
전후에 발생하여 다음 날인 2008년
2월 11일 오전 0시 40분경 숭례문의
누각 2층 지붕이 붕괴하였고 이어
1층에도 불이 붙어 화재 5시간 만인
오전 1시 55분쯤 석축을 제외한
건물이 훼손되었다.

조선시대 한양도성의 정문으로 남쪽에 있다고 해서 남대문이라고도 불렀다. 현재 서울에 남아 있는
목조 건물 중 가장 오래된 것으로 태조 5년(1396)에 짓기 시작하여 태조 7년(1398)에 완성하였다. 이
건물은 세종 30년(1448)에 고쳐 지은 것인데 1961~1963년 해체·수리 때 성종 10년(1479)에도 큰
공사가 있었다는 사실이 밝혀졌다. 이후, 2008년 2월 10일 숭례문 방화 화재로 누각 2층 지붕이 붕
괴되고 1층 지붕도 일부 소실되는 등 큰 피해를 입었으며, 5년 2개월에 걸친 복원공사 끝에 2013년 5
월 4일 준공되어 일반에 공개되고 있다.

이 문은 돌을 높이 쌓아 만든 석축 가운데에 무지개 모양의 홍예문을 두고, 그 위에 앞면 5칸·옆면 2
칸 크기로 지은 누각형 2층 건물이다. 지붕은 앞면에서 볼 때 사다리꼴 형태를 하고 있는데, 이러한
지붕을 우진각지붕이라 한다. 지붕 처마를 받치기 위해 기둥 윗부분에 장식하여 짠 구조가 기둥 위뿐
만 아니라 기둥 사이에도 있는 다포 양식으로, 그 형태가 곡이 심하지 않고 짜임도 건실해 조선 전기
의 특징을 잘 보여주고 있다.
「지봉유설」의 기록에는 '숭례문'이라고 쓴 현판을 양녕대군이 썼다고 한다. 지어진 연대를 정확히 알
수 있는 서울 성곽 중에서 제일 오래된 목조 건축물이다.

역

경복궁

곡성

암문

무악동

독립문역

곡성

교남동

충현동

북아현동

아현동

공덕동

청파동

효창동

사직동

배화여자대학교

단군선정

사직공원

서촌마을

국립고궁박물관

경복궁역

광화문

경희궁

서울역사박물관

세문안로

강북삼성병원

서대문역

경기대학교

경찰청

추계예술
대학교

서소문
순교성지

충정로역

아현역

중림동
약현성당

중림동

손기정
체육공원

애오개역

흥창공원

숙명여자
대학교

국립민속
박물관

북촌
한옥마을

가회동

국립현대
미술관

안국역

운현

광화문
광장

평화비
(소녀상)

조계사

인사동
문화의 거리

세종문화회관

종로구청

피맛골

광화문역

청계광장

동십자각

종각역

보신각

종각
젊음의 거리

서울
주교좌성당

덕수궁

시청

서울시립미술관

시청역

소공동

을지로입구역

명동거리

명동대

명동

SBA
서울애니메이션

회현동

명동

한국은행

북창동
먹자골목

숭례문

남대문시장

회현역

백범광장공원

안중근의사
기념관

서울역

후암동

숙대입구역

대학로
문화지구

혜화역

낙산공원

암문

창신역

숭인1동

국립어린이
과학관

이화동
벽화마을

창신동
봉제거리

숭인
근린공원

산설동역

서울대병원

마로니에공원

한국방송
통신대학교

이화사거리

이화동

숭인2동

창신2동

동묘앞역

서울
동묘공원

종로5가 6가동

창신동 인장거리

동묘
벼룩시장

청계천
수족관거리

예지동
귀금속 상가

종로5가역

약국
의료기기 상가

흥인지문
(동대문)

황학동
주방거리

광장시장

동대문역

세운전자상가

동대문 패션거리

황학동

청계천

서울중앙시장

을지로동

훈련원공원

국립중앙
의료원

세운조명상가

을지로3가역

을지로4가역

동대문역사문화공원

을지로
골뱅이골목

동대문역사문화공원역

신당역

광희동

신당동
떡볶이타운

제일병원

장충동

신당동

동화동

충무로역

한국의 집

장충동 족발골목

청구역

남산골
한옥마을

동대입구역

응봉공원

의여자
대학교

장충단공원

장충체육관

동국대학교

청구동

신라
호텔

약수역

신금호역

금호

국립극장

약수시장

응봉
근린공원

타워

남산

다산동

금호2,3가동

약수동

금호역

버티고개역

달맞이봉

보물 제819호
덕수궁 중화전 및 중화문

중화전은 덕수궁의 중심 건물로 임금님이 하례를 받거나 국가 행사를 거행하던 곳이고 중화문은 중화전의 정문이다. 광무 6년 (1902)에 지었으나 1904년 불에 타 버려 지금 있는 건물은 1906년에 다시 지은 것들이다.

중화전의 규모는 앞면 5칸·옆면 4칸이며, 지붕은 옆면에서 볼 때 여덟 팔자 모양을 한 팔작지붕이다. 지붕 처마를 받치기 위해 장식하여 짜인 구조가 기둥 위와 기둥 사이에도 있는 다포 양식이다. 밖으로 뻗쳐 나온 공포 부재의 형태가 가늘고 약해 보이며 곡선이 큰데 이것은 조선 후기 수법의 특징을 보이는 것이다. 안쪽

분류	유적건조물 / 정치국방 궁궐·관아 / 궁궐
수량/면적	일괄
소재지	서울시 중구 세종대로 99
시대	조선
소유	국유
관리	문화재청 덕수궁관리소

에는 임금님이 앉는 자리를 더욱 위엄있게 꾸미기 위해 화려한
닫집을 달아 놓았다.

중화문의 규모는 앞면 3칸·옆면 2칸이고 지붕은 팔작지붕이며
공포 양식은 중화전과 같이 조선 후기 수법을 가진 다포 양식을
따르고 있다. 원래 좌우로 복도 건물(행각)이 있었으나 지금은 문
동쪽에 일부 흔적만 남아 있다. 19세기 말에서 20세기 초 궁궐 건
축을 연구하는데 중요한 자료가 되고 있다.

보물 제820호
덕수궁 함녕전

함녕전은 고종황제가 거처하던 황제의 생활공간(침전)이다. 광무 1년(1897)에 지었는데 광무 8년(1904) 수리 공사 중 불에 타, 지금 있는 건물은 그해 12월에 다시 지은 건물이다. 이곳은 순종에게 왕위를 물려준 뒤 1919년 1월 21일 고종황제가 돌아가신 곳이기도 하다.

규모는 앞면 3칸·옆면 4칸이며 서쪽 뒤로 4칸을 덧붙여 평면이 ㄱ자형이다. 지붕은 옆면에서 볼 때 여덟 팔자 모양을 한 팔작지붕인데 위쪽에 여러 가지 조각을 장식해 놓고 있다. 더욱이 지붕

분류	유적건조물
수량/면적	1동
소재지	서울시 중구 세종대로 99
시대	조선
소유	국유
관리	문화재청 덕수궁관리소

모서리 부분에 조각들(잡상)을 나열한 점은 침전 건축에서 잘 사용하지 않는 특이한 구성이다. 지붕 처마를 받치기 위해 장식하여 짜인 구조는 새 부리 모양으로 간결하게 장식한 익공 양식이며 구름과 덩굴 문양으로 꾸몄다. 건물의 천장은 천장 속을 가리고 있는 우물 정(井)자 모양의 천장으로 꾸몄고, 네 면 모든 칸에 벽을 두르지 않고 창을 달아 놓았다.

조선 후기 마지막 왕실 침전 건물로 건축사 연구에 좋은 자료가 되고 있다.

종묘

현궁

예지동 귀금속 상가
탑골공원

관수동 휘장상가

청계천

종로3가역

세운전자상가

을지로동

을지로3가역

을지로 골뱅이골목

성당

센터

숭의여자 대학교

남산골 한옥마을

남산서울타워

▲ 남산

남산 야외식물원

이태원2동

경리단길

리움미술관

한강진역

한남동

이화사거리

이화동

종로5가 6가동

종로5가역

광장시장

약국 의료기기 상가

훈련원공원

동대문 패션거리

국립중앙 의료원

동대문역사문화공원

동대문역사문화공원역

광희동

제일병원

충무로역

한국의집

장충단공원

동국대학교

동대입구역

신라 호텔

국립극장

장충동

장충동 족발골목

동대문역

창신동 인장거리

흥인지문 (동대문)

창신2동

동묘앞역

동묘 벼룩시장

동묘

숭인

근린공원

숭인2동

신실

서울 동묘공원

청계천 수족관거리

황학동 주방거리

황학동

서울중앙시장

신당역

신당동 떡볶이 타운

신당동

청구역

동화동

장충체육관

청구동

응봉

신금호역

약수역

약수시장

응봉 근린공원

다산동

약수동

금호역

버티고개역

매봉산공원

금호2,3가동

달맞이봉 공원

옥수역

99

국보 제176호
백자 청화'홍치2년'명
송죽문 항아리

분류	유물 / 생활공예
	토도자공예 / 백자
수량/면적	1개
소재지	서울시 중구
	필동로1길 30
시대	조선
소유	동국대학교
관리	동국대학교

조선 성종 20년(1489)에 만들어진 청화백자 항아리로 소나무와 대나무를 그렸다. 크기는 높이 48.7 ㎝, 입지름 13.1㎝, 밑지름 17.8㎝이다. 아가리가 작고 풍만한 어깨의 선은 고려 시대 매병을 연상케 한 다. 어깨로부터 점차 좁아져 잘록해진 허리는 굽 부분에서 급히 벌어져 내려오는 형태를 하고 있다. 이와 같은 형태로는 백자 청화송죽인물문 항아리(보물 제644호)와 순백자 항아리를 비롯한 몇 예가 있다.

조선시대 궁중의 연례를 비롯한 여러 의식에서 꽃을 꽂아둔 항아리로 사용된 듯하다. 문양은 아가리 부 분에 연꽃 덩굴무늬를 두르고 몸통 전체에 걸쳐 소나무와 대나무를 대담하게 구성하였다. 꼼꼼하고 사실적으로 표현하였으며 청색의 농담으로 회화적인 효과를 나타냈다.
이 항아리는 오랫동안 지리산 화엄사에 전해져 왔던 유물인데 2번이나 도난당했던 것을 찾아 동국대 학교 박물관에 옮겨놓았다. 주둥이 안쪽에 '홍치'라는 명문이 있어 만든 시기가 분명한 자료이다.

국보 제209호
보협인석탑

분류	유적건조물 / 종교신앙 불교 / 탑
수량/면적	1기
소재지	서울시 중구 필동로1길 30
시대	미상
소유	동국대학교
관리	동국대학교

보협인탑이란 「보협인다라니경」을 그 안에 안치하고 있기 때문에 붙여진 이름이다. 종래에 볼 수 없던 특이한 모습인데, 중국 오월이라는 나라에서 그 유래를 찾을 수 있다. 오월국의 마지막 왕인 충의왕 전홍숙은 인도의 아소카왕이 부처의 진신사리를 8만 4천 기의 탑에 나누어 봉안하였다는 고사를 본떠 금, 동, 철 등의 재료로 소탑 8만 4천 기를 만들고 그 속에 일일이 「보협인다라니경」을 안치하였다. 이와 유사한 형태의 탑을 보협인탑이라고 하는데, 우리나라에서는 유일한 이 석조 보협인탑이 동국대학교 박물관에 보관되어 있다.

원래는 천안시 북면 대평리 탑골계곡의 절터에 무너져 있던 것을 이 곳으로 옮겨 세운 것이다. 절터에는 자연석으로 쌓은 축대와 주춧돌의 일부, 기왓조각들이 남아 있어 고려시대의 절터로 추정되나, 이 곳에 대한 기록은 전하지 않는다.

국보 제212호
대불정여래밀인수증요의제보살만 행수능엄경(언해)

대불정여래밀인수증료의제보살만행수능엄경을 줄여서 '대불정 수능엄경' 또는 '능엄경'이라고 부르기도 한다. 부처님의 말씀을 머릿속으로 이해하는 데 그치지 않고 자신이 직접 체득하여 힘을 갖는 것을 기본 사상으로 하고 있으며, 스님들이 수련하는 과정 에서 필수적으로 배우는 경전이다.

이 책은 당나라의 반자밀제(般刺密帝)가 번역하고 계환(戒環) 이 해설한 것을 세조 8년(1462)에 10권 10책으로 간행한 것이다. 목판에 새겨 찍어낸 것으로, 크기는 가로 35.7㎝, 세로 22㎝이다. 이 책은 간경도감<세조 7년(1461)에 불경을 한글로 풀이하여 간 행하기 위해 설치한 기구>을 설치한 다음 해에 만든 책으로, 당 시 찍어낸 판본이 모두 완전하게 남아 전해지는 유일한 예이다.

간경도감에서 최초로 간행한 한글 해석판으로 편찬 체제와 글씨 를 대자·중자·소자로 구분하여 쓰는 방법 등은 뒤에 간행되는 국 역판의 길잡이가 된다는 점에서 가치가 크다.

분류	기록유산 / 전적류 목판본 / 간경도감본
수량/면적	10권 10책
소재지	서울시 중구 필동로1길 30
시대	조선
소유	동국대학교
관리	동국대학교

보물 제523-2호
석보상절 권 23, 24

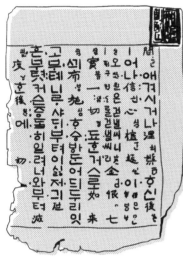
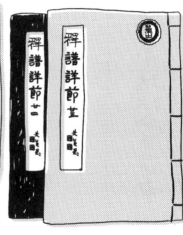

「석보상절」은 세종 28년(1446)에 소헌왕후가 죽자, 그의 명복을 빌기 위해 세종의 명으로 수양대군(후의 세조)이 김수온 등의 도움을 받아 석가의 가족과 그의 일대기를 기록하고 이를 한글로 번역한 책이다.

석보상절 권 23, 24는 초간본이며, 갑인자 활자로 찍은 것이다.

분류	기록유산 / 전적류 활자본 / 금속활자본
수량/면적	2책
소재지	서울시 중구 필동로1길 30
시대	조선
소유	동국대학교
관리	동국대학교

보물 제569-2호
안중근의사유묵-일일부독서구중 생형극

일일부독서구중생형극
하루라도 글(책)을 읽지
않으면 입속에 가시가 돋는다.

「안중근의사유묵-일일부독서구중생형극」은 안중근(1879~1910) 의사가 1909년 10월 26일 만주 하얼빈역에서 조선 침략의 원흉 이토 히로부미를 사살한 뒤 뤼순감옥에서 1910년 3월 26일 사망하기 전까지 옥중에서 휘호한 유묵을 일괄·지정한 것 중의 하나이다. 일괄 지정된 이 작품들은 1910년 2월과 3월에 쓴 것으로 글씨 좌측에 "경술이(삼)월, 어여순옥중, 대한국인안중근서"라고 쓴 뒤 손바닥으로 장인을 찍었다.

유묵 대부분은 당시 검찰관, 간수 등 일본인에게 써준 것들이다. 그중 제569-21호는 러일전쟁 때 종군했다가 전쟁이 끝난 뒤 뤼순감옥에서 근무했던 사람[오리타타다스]이 받은 것으로, 8·15광복으로 그의 가족들이 일본으로 귀국할 때 조카[오리타간지]에게 넘겨주어, 그것이 1989년 2월 20일 단국대학교에 기증되었다. 또 569-25호는 안의사 수감 당시 뤼순감옥에서 경관을 지냈던 이의 손자[야기마사즈미]가 2002년 10월에 안중근의사숭모회에 기증한 것이다. 또 제569-22, 23호는 앞쪽에 "야스오까 검찰관에게 증여한다"라고 적었듯이 당시 관련했던 검찰관에게 써준 것이다.

분류	기록유산 / 서간류 서예 / 서예
수량/면적	1점
소재지	서울시 중구 필동로1길 30
시대	대한제국
소유	동국대학교
관리	동국대학교

보물 제740호
감지은니보살선계경 권 8

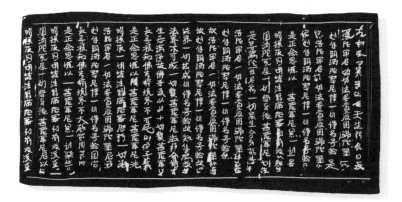

감지은니보살선계경 권 8은 보살 수행의 방법을 폭넓게 설명한 경전이다. 이 책은 검푸른 색의 종이에 은색 글씨로 경문을 정성들여 옮겨 쓴 것으로, 유송의 구나발마가 번역한 「보살선계경」 9권 가운데 제8권이다. 종이를 길게 이어붙여 두루마리 형태로 만들었으며, 펼쳤을 때의 크기는 세로 31㎝, 가로 1,300㎝이다.

책 끝에 있는 간행기록을 통해 고려 충렬왕 6년(1280)에 왕이 발원하여 대장도감에서 간행한 대장경 가운데 하나임을 알 수 있다. 충렬왕이 발원하여 간행한 책은 여러 종류가 전해지고 있는데 모두가 정성을 들여 판각하였기 때문에 글자의 새김 등이 뛰어나고 장엄하다. 이 책은 경기도 안성시에 있는 청원사의 삼존불을 금칠할 때 불상 속에서 나온 것으로, 그 출처가 확실하며 보존상태도 양호한 귀중한 책이다.

분류	기록유산 / 전적류 필사본 / 사경
수량/면적	1권
소재지	서울시 중구 필동로1길 30
시대	고려
소유	동국대학교
관리	동국대학교

보물 제741호
전 대구 동화사 비로암 삼층석탑 납석사리호

전 대구 동화사 비로암 삼층석탑 납석사리호는 동화사 비로암 삼층석탑(보물 제247호) 내에서 발견된 통일신라 시대의 사리 항아리이다. 사리를 탑에 보관하기 위해 사용된 이 항아리는 높이 8.3 ㎝, 구연부 지름 8.0㎝, 밑지름 8.5㎝이다. 현재는 4개의 조각으로 깨졌고, 뚜껑도 없어졌으며 몸통도 완전하지 않은 상태이다. 이와 같은 손상은 도굴 당시에 입은 피해로 추정된다.

구연부가 넓고 어깨가 부풀어 있으며, 아랫부분이 좁은 항아리 모양으로 작고 아담하다. 이러한 형식은 법광사 삼층석탑, 취서사 삼층석탑에서 출토된 사리 항아리와 같은 것으로 9세기 중엽 신라에서 유행하던 양식이다. 항아리 표면 전체에 흑칠을 한 점이 특이하다. 어깨 부분에는 꽃구름무늬와 촘촘한 빗금 꽃무늬를 두 칸에 나누어 새겨 둘렀다. 몸통에는 가로, 세로로 칸을 내어 7자 38행의 글자를 음각하였다. 글 중에는 이 항아리가 신라 민애왕(재위 838~839)을 위하여 건립된 석탑과 연관이 있으며, 민애왕의 행적들이 꼼꼼하게 적혀있다. 또한 경문왕 3년(863)에 탑이 만들어진 것으로 기록하였다.

분류	유물 / 불교공예
	사리장치 / 사리장치
수량/면적	1점
소재지	서울시 중구
	필동로길 30
시대	통일신라
소유	동국대학교
관리	동국대학교

보물 제742호
삼존불비상

분류	유물 / 불교조각
	석조 / 불상
수량/면적	1구
소재지	서울시 중구
	필동로1길 30
시대	통일신라
소유	동국대학교
관리	동국대학교

삼존불비상은 현재 동국대학교에 있는 것으로 충청남도 공주시 정안면에서 전래되어 오던 연기 일대의 불상 양식 계열에 속하는 삼존불이다. 본존의 얼굴이 약간 손상되었지만 비교적 잘 보존되어 있다.

대좌에 앉아 있는 본존불은 둥근 얼굴에 당당한 체구를 가져 중후한 인상을 준다. 옷은 양 어깨에 두르고 있으며 가슴 앞에 띠 매듭이 보인다. 왼손은 아래를 향해 내리고 오른손은 위를 향하고 있는데 손가락을 모두 구부리고 있다. 본존불 양옆에 서 있는 보살은 머리에 관을 쓰고 몸에는 구슬 장식을 하고 있으며, 양손을 모두 들고 있는데 본존불 쪽의 손에는 화반을 들고 있다. 아랫도리에 표현된 촘촘한 세로 옷 주름은 연기 지방의 불상에서 나타나는 공통적인 형식이다. 불상의 머리 뒤에는 연꽃과 꽃무늬로 장식된 둥근 머리 광배가 있고, 보살상의 머리 위에는 작은 부처와 불꽃무늬가 있어 원래는 배 모양의 광배였을 것으로 추측된다. 대좌는 각각 갖추고 있는데 연꽃이 아래위 반대로 붙어 있는 형식이다.

연기지방의 불비상(비석 모양의 돌에 불상을 조각하거나 또는 글을 적은 것)과 같은 양식이지만, 본존의 양감 있는 표현과 보살상의 자세를 볼 때 조금 진전된 7세기 말의 작품으로 보인다.

보물 제743호
정조필 파초도

분류	유물 / 일반회화
	영모화조화 / 화조화
수량/면적	1폭
소재지	서울시 중구
	필동로1길 30
시대	조선
소유	동국대학교
관리	동국대학교

정조필 <파초도>는 조선시대 정조(재위 1776~1800)가 그린 그림으로, 바위 옆에 서 있는 한 그루의 파초를 그렸다. 정조는 시와 글에 능하였을 뿐만 아니라 그림에도 뛰어났다고 한다.

이 그림은 가로 51.3㎝, 세로 84.2㎝ 크기로 단순하면서도 균형적인 배치를 보여준다. 먹색의 짙고 옅은 정도 및 흑백의 대조는 바위의 질감과 파초 잎의 변화를 잘 표현하였다. 그림 왼쪽 윗부분에 정조의 호인 '홍재'가 찍혀 있다. 형식에 치우치지 않은 독창적인 묘사가 돋보이는 이 그림은 글씨와 그림 및 학문을 사랑한 정조의 모습과 남종화의 세계를 보여주는 것으로, 국화도(보물 제744호)와 함께 조선 회화사 연구에 중요한 자료가 되고 있다.

보물 제744호
정조필 국화도

분류	유물 / 일반회화
	영모화조화 / 화조화
수량/면적	1폭
소재지	서울시 중구
	필동로1길 30
시대	조선
소유	동국대학교
관리	동국대학교

정조필 <국화도>는 조선시대 정조(재위 1776~1800)가 그린 국화 그림이다. 정조는 시와 글에 능하였을 뿐만 아니라 그림에도 뛰어났다고 한다.

가로 51.3㎝, 세로 86.5㎝ 크기의 이 그림은 화면 왼쪽에 치우쳐 그린 바위와 풀 위에 세 방향으로 나있는 세 송이의 들국화를 그렸다. 돌과 꽃잎을 묽은 먹으로, 국화잎은 짙은 먹으로 표현하여 구별하였는데, 이러한 농담 및 강약의 조화를 통하여 생동감을 느끼게 한다.
꾸밈이나 과장 없이 화면을 처리한 점은 다른 화가의 그림에서 찾아볼 수 없는 특징으로 파초도(보물 제 743호)와 함께 몇 점 남지 않은 정조의 그림으로 회화사 연구에 귀중한 자료가 되고 있다.

보물 제654호
자수가사

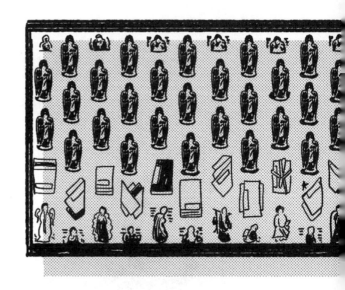

분류	유물 / 생활공예
	복식공예 / 의복
수량/면적	1착
소재지	서울시 중구
	덕수궁길 15 2층
시대	조선
소유	공유
관리	서울공예박물관

서울공예박물관은 2020년 12월에
서울특별시 종로구 율곡로3길 4에
개관 예정이다.

자수가사는 25조의 대가사로 크기는 가로 240㎝, 세로 63㎝이다. 가사는 각 줄마다 4면은 길고 1면이 짧은 4장 1단으로 구성되었다. 가장 윗단에는 부처불, 둘째와 셋째 단에는 보살, 넷째 단에는 경전, 다섯째 단에는 존자가 나란히 배열되어 있다. 흰색의 무늬가 없는 비단 바탕 위에 불, 보살, 경전, 존자를 자련수·평수·선수 등의 기법과 노랑·주홍 등의 색실을 사용하여 정교하고 아름답게 수놓았다.

이 가사는 18세기 전기의 것이라고 전해지고 있으며, 가사 후면에 사람 이름이 있으나 생존 연대를 확인할 수는 없다.
현재 전해 내려오는 가사로는 10여 점이 있으며, 그중에서도 이 가사는 전체가 그림으로 자수된 유일한 유물이다.

성암고서박물관은 서울특별시 중구 세종대로21길에 있었던 사립 특수박물관이다. 성암고서박물관은 1974년 성암 조병순(趙炳舜, 1922~2013)이 수집한 고서와 인쇄자료를 학계에 연구자료로 제공하여 전통문화를 계승·발전시킬 목적으로 설립하였다. 그러나 2013년 조병순 관장이 지병으로 타계하면서 이 박물관은 폐관되었다. (출처: 서울 중구청 홈페이지)

보물 제419-2호
삼국유사 권2

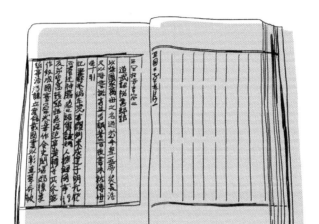

보물 제419-2호 '삼국유사 권2'는 권2(기이)만 있는 잔본 1책으로, 본문 49장 가운데 17~20장의 4장은 영인하여 보완하였는데, 표지는 후대의 개장으로 만자 문양이며 장정은 5침의 홍사로 맨 선장본으로, 보존상태도 양호하다.

앞표지 이면 중앙에 "황마중양월매득 니산남씨가장"이란 묵서가 있고 , 그 옆에는 "황마이양월매득 개일장"이란 부기가 있으며 뒤 표지 이면에는 "니산장"이란 묵서가 있어, 무오년 2월에 남 씨가 구입하여 소장하고 있던 것임을 알 수 있다. 형태적인 면에서 보면 전체 49장 중 24장은 광곽의 길이가 정덕본에 비하여 대체로 1cm 이상 길고, 변란은 정덕본이 쌍 변과 단 변이 혼재되어 있는데 반하여 모두가 쌍 변이다. 내용 면에서는 고려 왕들의 이름자를 피해 쓰는 벽휘가 적용되지 않은 경우가 더 많은 것으로 보아 조선 초기 간행본임을 알 수 있으며 정덕본과 문자상 많은 차이를 보이고 있어 이의 오류를 교정해 줄 수 있는 자료가 되고 있다. 삼국유사는 삼국사기와 함께 우리 고대사를 기록한 가장 귀중한 사서 중의 하나이다.

분류	기록유산 / 전적류 목판본 / 관판본
수량/면적	1권1책
소재지	서울시 중구 세종대로21길 22
시대	조선
소유	개인소장
관리	성암고서박물관

국보 제203호
대방광불화엄경 주본 권 6

대방광불화엄경은 줄여서 '화엄경'이라고 부르기도 하며, 부처와 중생이 둘이 아니라 하나라는 것을 기본 사상으로 하고 있다. 화엄종의 근본경전으로 법화경과 함께 한국 불교사상 확립에 크게 영향을 끼친 불교 경전 가운데 하나이다.

당나라의 실차난타가 번역한 「화엄경」 주본 80권 중 권 6에 해당하는 이 책은 전라남도 담양에 사는 전순미(田洵美)가 어머니의 극락왕생을 기원하기 위하여 찍어낸 것이다. 닥종이에 찍은 목판본으로 두루마리처럼 말아서 보관할 수 있도록 되어 있으며, 크기는 세로 30.8㎝, 가로 649.2㎝이다.

간행기록이 없어서 정확한 연대는 알 수 없으나, 해인사 대장경본과 글씨체와 새김이 일치하고 있다. 해인사 대장경에 포함된 주본 화엄경을 보고 다시 새겨 12세기경에 찍어낸 것으로 보인다.

분류	기록유산 / 전적류
	목판본 / 사찰본
수량/면적	1권축
소재지	서울시 중구
	세종대로21길 22
시대	고려
소유	개인소장
관리	성암고서박물관

국보 제204호
대방광불화엄경 주본 권 36

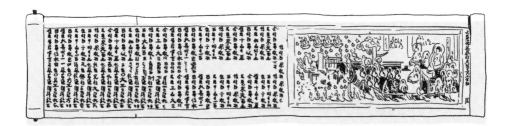

대방광불화엄경은 줄여서 '화엄경'이라고 한다. 부처와 중생이 둘
이 아니라 하나라는 것을 기본 사상으로 하고 있다. 화엄종의 근
본 경전으로 법화경과 함께 한국 불교사상 확립에 크게 영향을
끼친 불교 경전 가운데 하나이다.

이 책은 당나라 실차난타가 번역한 「화엄경」 주본 80권 중 권36
이다. 닥종이에 찍은 목판본으로 두루마리처럼 말아서 보관할 수
있도록 되어 있고, 크기는 세로 29.8cm, 가로 1253.3cm이다.
고려 숙종 때에 간행한 「대방광불화엄경」 진본 권4(보물 제685
호)과 비교해 보면 글자와 목판이 약간 크며, 책머리에는 불경의
내용을 요약하여 그린 변상도가 있다. 이 변상도는 해인사에 있
는 판본과 구도는 같지만 훨씬 정교하며 현재까지 알려진 것 중
가장 오래된 것으로 보인다.

분류	기록유산 / 전적류 목판본 / 사찰본
수량/면적	1권1축
소재지	서울시 중구 세종대로21길 22
시대	고려
소유	개인소장
관리	성암고서박물관

보물 제685호
대방광불화엄경 진본 권 4

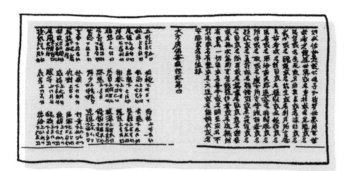

대방광불화엄경은 줄여서 '화엄경'이라고 부르기도 하며, 부처와
중생이 둘이 아니라 하나라는 것을 중심사상으로 하고 있다. 화
엄종의 근본경전으로 법화경과 함께 한국 불교사상 확립에 중요
한 영향을 끼친 경전이다. 대방광불화엄경 진본 권 4는 동진의 불
타발타라가 번역한 「화엄경」진본 60권 가운데 권 4인데, 일부분
이 떨어져 나갔다. 닥종이에 찍은 목판본으로 종이를 이어 붙여
두루마리 형태로 만들었으며, 펼쳤을 때의 크기는 세로 29.3㎝,
가로 516㎝이다.

간행기록이 없어서 만들어진 연대를 정확하게 알 수는 없지만,
본문 앞의 여백에 권·장의 순서를 표시한 것, 먹색, 인쇄상태 등
이 1098년에 간행된 「화엄경」 진본 권37(국보 제202호)과 매우
비슷하여 고려 숙종(재위 1096~1105) 대에 판각하여 찍어낸 것
으로 추정된다.
이 판본은 비록 완전하지는 않지만, 고려 전기의 목판인쇄 및 화
엄경 판본 연구에 있어서 중요한 자료로 평가된다.

분류	기록유산 / 전적류 목판본 / 사찰본
수량/면적	1권1축
소재지	서울시 중구
시대	고려
소유	개인소장
관리	개인소장

보물 제686호
대방광불화엄경 진본 권 28

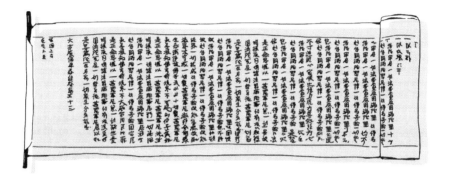

대방광불화엄경은 줄여서 '화엄경'이라고 부르기도 하며, 부처와 중생이 둘이 아니라 하나라는 것을 중심사상으로 하고 있다. 화엄종의 근본경전으로 법화경과 함께 한국 불교사상 확립에 중요한 영향을 끼친 경전이다.

대방광불화엄경 진본 권 28은 동진의 불타발타라가 번역한 「화엄경」진본 60권 중 권 28의 1책으로 책 첫 부분부터 5장까지 없어졌고 중간중간 부분적으로 훼손되어 있다. 닥종이에 찍은 목판본이며 종이를 이어붙여 둘둘 말아 접는 형태로 크기는 세로 29.3㎝, 가로 658.2㎝이다. 간행기록은 남아있지 않지만 글자체와 목판에 새긴 솜씨 등이 1098년 간행된 「화엄경」 진본 권 37(국보 제202호)과 매우 비슷하여 숙종대(재위 1096~1105)에 펴낸 책으로 생각된다.

비록 완전한 판본이 전하지는 않지만 고려 전기 목판 인쇄술과 화엄경 연구에 귀중한 자료가 된다.

분류	기록유산 / 전적류 목판본 / 사찰본
수량/면적	1권1축
소재지	서울시 중구
시대	고려
소유	개인소장
관리	개인소장

국보 제149-2호
동래선생교정북사상절 권 6

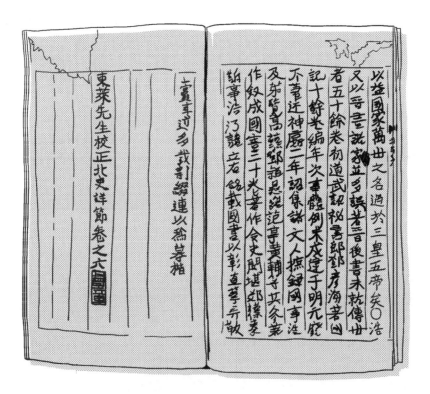

분류	기록유산 / 전적류
	활자본 / 금속활자본
수량/면적	1책
소재지	서울시 중구
시대	조선
소유	개인소장
관리	개인소장

이 책은 송나라 여조겸의 교편이며, 조선 태종 3년(1403)에 주조한 동활자인 계미자를 사용하여 태종 연간에 간행한 것이다. 계미자는 고려와 조선시대의 글자 주조술과 조판술의 발달사 연구에 귀중한 자료인데 사용했던 기간이 짧아 전해지는 본이 희귀하다.

구성을 보면 1책으로 1~32장으로 구성되었으나 31장이 결락되어 31장만 남아있다. 책의 상태를 보면 습기로 인해 표지가 퇴색했으며, 문자가 보이지 않는 곳도 있다. 책의 앞뒤에 염황색 표지를 대어 염청색의 면으로 보강하였다. 이 책은 권 4·5에 비해 보관상태가 양호한 편이다.

계미자를 사용한 다른 유물들보다 인쇄 상태가 정교하고 선명하다. 이 책은 계미자를 이용하여 간행되었다는 점과 고려, 조선시대 활자체를 연구하는데 중요한 자료로 평가되고 있다.

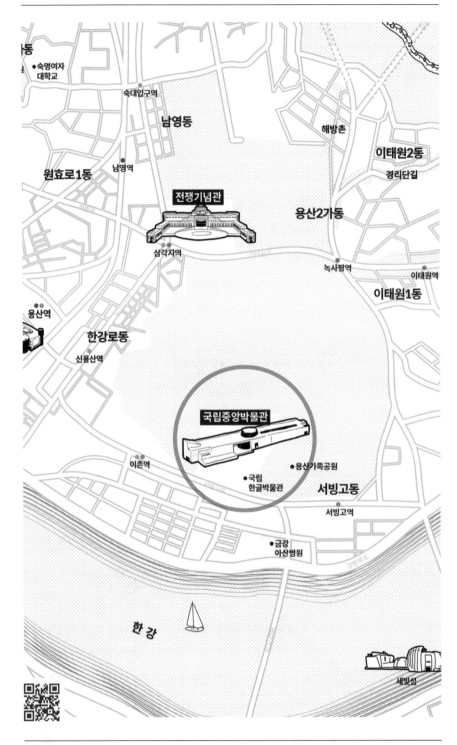

국보 제3호
서울 북한산 신라 진흥왕 순수비

분류	기록유산 / 서각류
	금석각류 / 비
수량/면적	1기
소재지	서울시 용산구
	서빙고로 137
시대	신라
소유	국유
관리	국립중앙박물관

신라 진흥왕(재위 540~576)이 세운 순수척경비 가운데 하나로, 한강유역을 영토로 편입한 뒤 왕이 이 지역을 방문한 것을 기념하기 위하여 세운 것이다. 원래는 북한산 비봉에 자리하고 있었으나 비를 보존하기 위하여 경복궁에 옮겨 놓았다가 현재는 국립중앙박물관에 보관되어 있다.

비의 형태는 직사각형의 다듬어진 돌을 사용하였으며, 자연암반 위에 2단의 층을 만들고 세웠다. 윗부분이 일부 없어졌는데, 현재 남아 있는 비몸의 크기는 높이 1.54m, 너비 69㎝이며, 비에 쓰여 있는 글은 모두 12행으로 행마다 32자가 해서체로 새겨져 있다. 내용으로는 왕이 지방을 방문하는 목적과 비를 세우게 된 까닭 등이 기록되어 있는데, 대부분이 진흥왕의 영토 확장을 찬양하는 내용으로 이루어져 있다. 비의 건립연대는 비문에 새겨진 연호가 닳아 없어져 확실하지 않으나, 창녕 신라 진흥황 척경비(국보 33호)가 건립된 진흥왕 22년(561)과 황초령비가 세워진 진흥왕 29년(568) 사이에 세워졌거나 그 이후로 짐작하고 있다.

조선 순조 16년(1816)에 추사 김정희가 발견하고 판독하여 세상에 알려졌으며, 비에 새겨진 당시의 역사적 사실 등은 삼국시대의 역사를 연구하는데 귀중한 자료가 되고 있다.

국보 제60호
청자 사자형뚜껑 향로

분류	유물 / 생활공예 토도자공예 / 청자
수량/면적	1점
소재지	서울시 용산구 서빙고로 137
시대	고려
소유	국유
관리	국립중앙박물관

고려청자의 전성기인 12세기경에 만들어진 청자 향로로, 높이 21.2㎝, 지름 16.3㎝이다. 향을 피우는 부분인 몸체와 사자 모양의 뚜껑으로 구성되어 있다. 몸체는 3개의 짐승 모양을 한 다리가 떠받치고 있는데, 전면에 구름무늬가 가늘게 새겨져 있다. 몸체 윗면 가장자리에도 세 곳에 구름무늬를 배치하였다.

뚜껑은 대좌에 앉아있는 사자의 형상이며, 대좌에는 꽃무늬를 시문하였다. 사자의 자세는 뚜껑의 왼쪽에 치우쳐 있어 시각적인 변화에서 오는 조형 효과를 노린 것으로 해석된다. 사자는 입을 벌린 채 한쪽 무릎을 구부린 상태에서 앞을 보고 있는 자세이며, 두 눈에 검은 점을 찍어서 눈동자를 표현했다. 사자의 목 뒤쪽과 엉덩이 부분에는 소용돌이 모양의 털이 표현되었고, 꼬리는 위로 치켜올려 등에 붙인 모습을 하고 있다. 유약의 색은 엷은 녹청색으로 광택이 은은하다. 구조적으로 보면 몸체에서 피워진 향의 연기가 사자의 몸을 통하여 벌려진 입으로 내뿜도록 되어있는데, 아름답고 단정하여 이 시기 청자 향로의 높은 수준을 보여주고 있다. 12세기 전반기에 비취색의 청자가 절정에 달하였을 때 이와 같이 상서로운 동물이나 식물을 본뜬 상형 청자가 많이 만들어졌다. 특별히 사자 향로는 중국 송나라 사람들이 극찬을 하였을 정도로 작품성이 뛰어나다.

국보 제61호
청자 어룡형 주전자

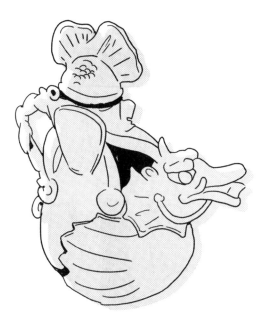

고려청자의 전성기인 12세기경에 만들어진 청자 주전자로 높이
24.4cm, 밑지름 10.3cm이다. 용의 머리와 물고기의 몸을 가진
특이한 형태의 동물을 형상화한 상형의 청자 주전자이다.

물을 따르는 부리는 용의 머리모양이고, 이빨과 지느러미, 꼬리 끝
에는 백토를 발랐다. 얼굴의 털이나 지느러미들을 매우 섬세하게
표현하였다. 주전자 몸체에는 비늘이 도드라지게 표현되었고, 중
앙부에는 앞뒤로 커다란 갈퀴 모양의 옆 지느러미가 묘사되었다.
손잡이는 연꽃 줄기 모양으로 주전자의 몸체 위로 자연스럽게 늘
어져 있고, 뚜껑은 물고기의 꼬리 부분을 본떠서 만들었다. 전체적
인 형태를 보면 기이하면서도 각 부위를 갖춘 한 마리의 상상의 동
물 모습을 하고 있다. 비취 빛의 유약 색과 더불어 지느러미와 꽃
무늬에 나타난 세밀한 음각 표현은 능숙한 솜씨를 보여준다. 이 주
전자는 상서로운 동물이나 식물을 모방해서 만든 상형 청자 중에
서도 매우 기발함을 보여주는 작품이다.

분류	유물 / 생활공예
	토도자공예 / 청자
수량/면적	1개
소재지	서울시 용산구
	서빙고로 137
시대	고려
소유	국유
관리	국립중앙박물관

국보 제78호
금동미륵보살반가사유상

분류	유물 / 불교조각
	금속조 / 불상
수량/면적	1구
소재지	서울시 용산구
	서빙고로 137
시대	삼국
소유	국유
관리	국립중앙박물관

의자 위에 앉아 오른발을 왼쪽 다리 위에 올려놓고, 오른쪽 팔꿈치를 무릎 위에 올린 채 손가락을 뺨에 댄 모습의 보살상으로 높이는 80㎝이다. 1912년에 일본인이 입수하여 조선총독부에 기증했던 것을 1916년 총독부 박물관으로 옮겨 놓았고, 현재는 국립중앙박물관에서 전시하고 있다.

머리에는 화려한 관을 쓰고 있으며, 여기에서 나온 2가닥의 장식은 좌우로 어깨까지 늘어져 있다. 네모꼴에 가까운 얼굴은 풍만한 느낌을 주며, 광대뼈를 나오게 하고 입가를 들어가게 하여 미소 띤 얼굴을 만들었다.

상체는 당당하면서도 곧고 늘씬한 모습이며, 하체에서는 우아한 곡선미를 느낄 수 있다. 늘씬한 팔이나 체구에 비해서 손이나 발은 상대적으로 큼직한 편이다. 전체적으로 탄력이 있고 매끄러우며 부드럽고 율동적이어서 보살상의 우아한 모습을 한층 더 돋보이게 한다. 목뒤로 돌아 양 어깨를 감싼 천의는 새의 깃털처럼 치켜 올라갔다가 다시 가슴 쪽으로 흘려내려 왼쪽 다리에서 교차한 다음, 양 무릎을 지나 두 팔을 감아 내렸다. 하체에 입은 치마는 다소 두툼해 보이는데 U자형 주름이 능숙하게 새겨져 있다.

왼발을 올려놓은 타원형의 대좌에는 연꽃무늬가 새겨져 있으며, 머리 뒷부분에 흔적만 있을 뿐 광배는 없어진 상태이다.

재질이나 만든 기법이 매우 특이함이 밝혀졌다. 전체적으로 균형 잡힌 자세, 아름다운 옷 주름, 명상에 잠긴 듯한 오묘한 얼굴 등으로 보아 한국적 보살상을 성공적으로 완성시킨 6세기 중엽이나 그 직후의 작품으로 생각된다.

국보 제79호
경주 구황동 금제여래좌상

분류	유물 / 불교조각
	금속조 / 불상
수량/면적	1구
소재지	서울시 용산구
	서빙고로 137
시대	통일신라
소유	국유
관리	국립중앙박물관

경주 황복사지 삼층석탑(국보 제37호) 해체 수리 공사 시 나온 사리함에서 경주 구황동 금제여래입상(국보 제80호)과 함께 발견되었다. 사리함에 새겨진 글에 의하면 통일신라 성덕왕 5년(706)에 사리함 속에 순금으로 된 아미타상을 넣었다고 하는데 이 불상이 아닌가 추측된다. 광배와 불신, 연꽃무늬 대좌의 3부분으로 되어 있으며, 각 부분은 분리되도록 만들었다. 민머리 위에는 상투 모양의 머리(육계)가 큼직하게 솟아 있으며, 둥근 얼굴은 원만하다. 눈·코·입은 뚜렷하고 균형이 잡혀 있어 통일신라시대 불상의 이상적인 모습에 접근하고 있다. 어깨는 넓고 당당하며, 양 어깨를 덮은 대의는 가슴을 크게 열었고, 그 안에 대각선으로 내의를 걸쳐 입었다. 미소 띤 얼굴에 뚜렷한 이목구비와 균형 잡힌 몸매를 지녀 더욱 위엄있게 보이는 이 불상은 손모양이나 옷주름, 양감이 강조된 표현 등에서 8세기 초 불상의 양식과 성격을 연구하는데 매우 중요한 자료가 되고 있다.

국보 제80호
경주 구황동
금제여래입상

분류	유물 / 불교조각
	금속조 / 불상
수량/면적	1구
소재지	서울시 용산구
	서빙고로 137
시대	통일신라
소유	국유
관리	국립중앙박물관

경주 구황리 금제여래좌상(국보 제79호)과 함께 경주 황복사지 삼층석탑(국보 제37호)에 안치된 사리함 속에서 발견된 불상이다. 전체 높이 14㎝의 순금으로 만든 불상이며 대좌와 광배를 모두 갖추고 있다.

민머리 위에는 상투 모양의 머리(육계)가 큼직하게 솟아 있고, 갸름한 얼굴은 양감이 있고 자비롭다. 눈은 정면을 바라보고 있으며, 콧날은 날카롭고 입가에는 미소가 번져 있다. 약간 좁은 어깨에는 두껍게 표현된 옷을 걸치고 있는데, 앞면에는 U자형의 옷 주름을 새기고 있다. 머리와 신체의 적당한 비례, 옷 주름의 형태 등을 볼 때, 삼국시대 후기의 불상에서 좀 더 발전한 통일신라 초기 새로운 양식의 불상으로 보인다. 사리함에 새겨진 글을 통해 692년에 탑을 건립할 때 넣은 것으로 추정되는 이 불상은 만든 연대가 거의 확실하여 통일신라시대 불상 연구에 있어 중요한 기준이 되고 있다.

국보 제81호
경주 감산사 석조미륵보살입상

분류	유물 / 불교조각
	석조 / 보살상
수량/면적	1구
소재지	서울시 용산구
	서빙고로 137
시대	통일신라
소유	국유
관리	국립중앙박물관

경상북도 월성군에 있는 감산사는 신라 성덕왕 18년(719)에 김지성이 부모의 명복을 빌고, 국왕과 왕족의 안녕을 기원하기 위해 창건한 사찰이다. 창건한 해에 그는 어머니를 위해 미륵보살을, 아버지를 위해 아미타불을 만들었다고 한다. 현재 경주 감산사 석조미륵보살입상(국보 제81호) 국립중앙박물관에서 보관하고 있다.

석조미륵보살입상은 머리에 화려하게 장식된 관을 쓰고 있으며, 얼굴은 볼이 통통하여 원만한 인상이다. 목에는 2줄의 화려한 목걸이가 새겨져 있고, 목에서 시작된 구슬 장식 하나가 다리까지 길게 늘어져 있다. 왼쪽 어깨에 걸치고 있는 옷은 오른쪽 겨드랑이를 지나 오른팔에 감긴 채 아래로 늘어져 있다. 허리 부근에서 굵은 띠장식으로 매어 있는 치마는 부드러운 곡선을 그리면서 발목까지 내려오고 있다. 몸에서 나오는 빛을 상징하는 광배는 불꽃무늬가 새겨진 배 모양이며, 3줄의 도드라진 선으로 머리 광배와 몸 광배를 구분하였다. 불상이 서 있는 대좌는 하나의 돌로 만들었는데, 맨 아래가 8각이고, 그 위에는 엎어 놓은 연꽃무늬와 활짝 핀 연꽃무늬를 간략하고 큼직하게 새기고 있다.

광배 뒷면에는 신라 성덕왕 18년(719)에 불상을 조각하였다는 기록이 새겨져 있는데, 이 글을 통해서 만들어진 시기와 유래를 알 수 있다. 돌로 만들었음에도 풍만한 신체를 사실적으로 능숙하게 표현하고 있어 통일신라시대부터 새로이 유행하는 국제적인 양식을 잘 보여주고 있는 작품으로 평가된다.

국보 제82호
경주 감산사 석조아미타여래입상

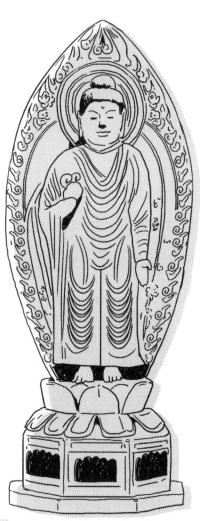

분류	유물 / 불교조각
	석조 / 불상
수량/면적	1구
소재지	서울시 용산구
	서빙고로 137
시대	통일신라
소유	국유
관리	국립중앙박물관

경상북도 경주시에 있는 감산사는 신라 성덕왕 18년(719)에 김지성이 부모의 명복을 빌고, 국왕과 왕족의 안녕을 기원하기 위해 창건한 사찰이다. 창건 후 그는 어머니를 위해 미륵보살을, 아버지를 위해 아미타불을 만들었다고 한다. 현재는 경주 감산사 석조아미타불입상(국보 제82호)으로 지정하여 국립중앙박물관에 보관하고 있다.

석조아미타불입상은 전체적으로 균형과 조화를 이루고 있으며, 인체 비례에 가까운 사실적 표현을 하고 있는 작품이다. 불상의 얼굴은 풍만하고 눈·코·입의 세부 표현도 세련되어 신라적인 얼굴을 사실적으로 묘사하고 있다.

신체는 비교적 두꺼운 옷 속에 싸여 있어서 가슴의 두드러진 표현은 없지만, 당당하고 위엄이 넘쳐 부처님의 모습을 인간적으로 표현하고자 한 의도를 엿볼 수 있다. 양 어깨를 감싸고 있는 옷은 온 몸에 걸쳐서 U자형의 옷 주름을 나타내고 있다. 목에는 한번 뒤집힌 옷깃을 표현했는데 이는 신라 불상의 특징으로, 불상의 전체적인 형태와 함께 불상을 박진감있게 보이게 하는 요소가 된다.

불신 뒤의 광배는 배 모양이며 가장자리에는 불꽃이 타오르는 모양을 새겼다. 광배 안에는 3줄의 선을 도드라지게 새겨 머리 광배와 몸 광배로 구별하고 있으며, 몸 광배 안에는 꽃무늬를 새겨 넣었다. 불상이 서 있는 대좌는 맨 아래가 8각이고, 그 위에는 엎어 놓은 연꽃무늬와 활짝 핀 연꽃무늬를 간략하고 큼직하게 새기고 있다.

통일신라시대의 이상적 사실주의 양식을 보여주는 가장 대표적인 예일 뿐 아니라, 광배 뒤의 기록에 의해 만든 시기와 만든 사람을 분명하게 알 수 있는 불상으로 우리나라 불교 조각사에서 매우 중요한 위치를 차지하고 있는 작품이다.

국보 제83호
금동미륵보살반가사유상

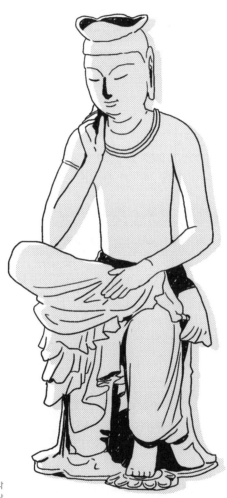

분류	유물 / 불교조각
	금속조 / 보살상
수량/면적	1구
소재지	서울시 용산구
	서빙고로 137
시대	삼국
소유	국유
관리	국립중앙박물관

국립중앙박물관에 있는 금동미륵보살반가사유상(국보 제78호)
과 함께 국내에서는 가장 큰 금동반가사유상으로 높이가 93.5㎝
이다. 1920년대에 경주에서 발견되었다고 전하나 근거가 없으며,
머리에 3면이 둥근 산 모양의 관을 쓰고 있어서 '삼산반가사유상'으
로도 불린다.

얼굴은 거의 원형에 가까울 정도로 풍만하고 눈두덩과 입가에
서 미소를 풍기고 있다. 상체에는 옷을 걸치지 않았고, 목에 2줄
의 목걸이가 있을 뿐 아무런 장식이 없다. 왼발은 내려서 작은 연
꽃무늬 대좌를 밟고 있고, 오른발은 왼쪽 무릎 위에 얹어 놓았다.
왼손으로는 오른 발목을 잡고 오른손은 팔꿈치를 무릎에 얹었으
며, 손가락으로 턱을 살며시 괴고 있다. 하반신을 덮은 치맛자락
은 매우 얇게 표현하여 신체 굴곡이 잘 드러나며, 연꽃무늬 대좌
를 덮은 옷자락은 깊고 자연스럽게 조각되었다. 왼쪽으로 옥을
꿴 치마의 띠가 내려가고 있으며, 머리 뒷부분에는 긴 촉이 달려
있어 광배를 꽂았음을 알 수 있다.

단순하면서도 균형 잡힌 신체 표현과 자연스러우면서도 입체적
으로 처리된 옷 주름, 분명하게 조각된 눈·코·입의 표현은 정교하
게 다듬어진 조각품으로서의 완벽한 주조 기술을 보여준다. 잔잔
한 미소에서 느껴지는 반가상의 자비로움은 우수한 종교 조각으
로서의 숭고미를 더해준다. 국보 제78호인 금동미륵보살반가사
유상보다 연대가 내려와 삼국시대 후기에 만든 것으로 추정된다.

국보 제86호
개성 경천사지 십층석탑

분류	유적건조물 / 종교신앙
	불교 / 탑
수량/면적	1기
소재지	서울시 용산구
	서빙고로 137
시대	고려
소유	국유
관리	국립중앙박물관

경천사는 경기도 개풍군 광덕면 부소산에 있던 절로, 고려 시대
전기에 창건된 것으로 추정된다. 절터에 세워져 있었던 이 탑은
일제 시대에 일본으로 무단으로 반출되었던 것을 되돌려 받아
1960년에 경복궁으로 옮겨 세워 놓았다가 현재 국립중앙박물관
에 옮겨 놓았다.

3단으로 된 기단은 위에서 보면 아자 모양이고, 그 위로 올려진
10층의 높은 탑신 역시 3층까지는 기단과 같은 아자 모양이었다
가, 4층에 이르러 정사각형의 평면을 이루고 있다. 기단과 탑신에
는 화려한 조각이 가득 차 있는데, 부처, 보살, 풀꽃 무늬 등이 뛰
어난 조각수법으로 새겨져 있다. 4층부터는 각 몸돌 마다 난간을
돌리고, 지붕돌은 옆에서 보아 여덟 팔자 모양인 팔작지붕 형태
의 기와 골을 표현해 놓는 등 목조건축을 연상케 하는 풍부한 조
각들이 섬세하게 새겨져 있다. 탑의 1층 몸돌에 고려 충목왕 4년
(1348)에 세웠다는 기록이 있어 만들어진 연대를 정확히 알 수
있다. 새로운 양식의 석탑이 많이 출현했던 고려 시대에서도 특
수한 형태를 자랑하고 있으며, 우리나라 석탑의 일반적 재료가
화강암인데 비해 대리석으로 만들어졌다는 점도 특이하다. 전체
적인 균형과 세부적인 조각 수법이 잘 어우러진 아름다운 자태로
눈길을 끌며, 지붕돌의 처마가 목조건축의 구조를 그대로 나타내
고 있어 당시의 건축양식을 엿볼 수 있는 좋은 자료가 된다. 이러
한 양식은 이후 조선시대에 이르러 서울 원각사지 십층 석탑(국
보 제2호)에 영향을 주기도 하였다.

일본으로 반출되면서 훼손되었던 원래의 탑 형태를 국립문화재
연구소의 복원작업을 거쳐 현재 새로 개관한 용산의 국립중앙박
물관에 전시되어 있다.

국보 제89호
평양 석암리 금제 띠고리

분류	유물 / 생활공예
	금속공예 / 장신구
수량/면적	1개
소재지	서울시 용산구
	서빙고로 137
시대	삼한
소유	국유
관리	국립중앙박물관

평안남도 대동군 석암리 9호 분에서 출토된 금제교구로, 길이 9.4㎝, 너비 6.4㎝이며, 허리띠를 연결해주는 금제 장식이다.

머리 쪽이 넓고 둥글게 되어 있으며, 안쪽에 이와 평행하게 휘어진 구멍을 만들었고 걸 수 있는 고리를 만들어 허리띠를 매게 하였다. 틀을 만들어 그 위에 금판을 놓고 두드려 용의 윤곽을 만들고 금 실과 금 알갱이로 큰 용 한 마리와 작은 용 여섯 마리를 만들었다. 가장자리는 금실을 꼬아서 돌렸고, 안으로 일정한 넓이의 삼각형을 만들었다. 용과 용 사이에는 꽃잎 모양의 윤곽을 만들고 그 속에 비취옥을 끼워 넣었는데 현재 7개만이 남아 있다.

금실을 이용하여 장식하는 누금세공의 수법이 매우 뛰어나며, 용 7마리의 배치도 율동적으로 표현된 뛰어난 작품이다.

국보 제90호
경주 부부총 금귀걸이

경주 보문동의 부부총에서 출토된 신라시대 한 쌍의 금귀걸이로,
길이 8.7cm이다. 태환이식이란 가운데를 빈 공간으로 하여 무게
를 가볍게 한 귀걸이를 말한다.

귀걸이의 몸체가 되는 커다랗고 둥근 고리에 타원형의 중간 고
리가 연결되었으며, 그 아래에는 나뭇잎 모양의 화려한 장식들이
매달려 있다. 커다란 둥근 고리에는 거북등무늬와 같은 육각형으
로 나누어 그 안에 4엽 혹은 3엽의 꽃을 표현하였는데, 꽃 하나하
나에 금실과 금 알갱이를 붙이는 누금세공법을 이용하여 섬세하
게 장식하였다. 밑부분에는 나뭇잎 모양의 작은 장식들을 금실을
꼬아서 연결하고 장식 끝에 커다란 하트 모양을 달았다.

신라 귀걸이 장식에는 대부분 이처럼 서역에서 전래된 누금세공
법이 사용되었는데 그중에서 태환을 비롯한 전체에 누금세공법
을 사용한 가장 대표적인 것으로 화려하고 놀라운 세공 기술을
보여주고 있다.

분류	유물 / 생활공예
	금속공예 / 장신구
수량/면적	1쌍
소재지	서울시 용산구
	서빙고로 137
시대	신라
소유	국유
관리	국립중앙박물관

국보 제91호
도기 기마인물형 명기

경주시 금령총에서 출토된 한 쌍의 토기로 말을 타고 있는 사람의 모습이다. 주인상은 높이 23.4㎝, 길이 29.4㎝이고, 하인상은 높이 21.3㎝, 길이 26.8㎝이다. 금령총에서 1924년에 배 모양 토기와 함께 출토되었으며, 죽은 자의 영혼을 육지와 물길을 통하여 저세상으로 인도해 주는 주술적인 목적으로 만들어진 것으로 보인다.

두 인물상은 두꺼운 직사각형 판위에 다리가 짧은 조랑말을 탄 사람이 올라앉아있는 모습이다. 말 엉덩이 위에는 아래로 구멍이 뚫린 등잔이 있고, 앞 가슴에는 긴 부리가 돌출되어 있어 비어있는 말의 뱃속을 통해 물을 따를 수 있게 되어 있다. 두 인물상의 모습은 말 장식이 화려한 주인 상의 경우 고깔 형태의 띠와 장식이 있는 삼각 모를 쓰고 다리 위에 갑옷으로 보이는 것을 늘어뜨렸다. 하인상은 수건을 동여맨 상투 머리에 웃옷을 벗은 맨몸으로 등에 짐을 메고 오른손에 방울 같은 것을 들고 있어 길을 안내하고 있는 듯한 모습이다.

이 인물상 형태의 토기는 신라인의 영혼관과 당시의 복식, 무기, 말 갖춤 상태, 공예 의장 등에 대한 연구에 큰 도움을 주는 중요한 유물이다.

분류	유물 / 생활공예 토도자공예 / 토기
수량/면적	1쌍
소재지	서울시 용산구 서빙고로 137
시대	신라
소유	국유
관리	국립중앙박물관

국보 제92호
청동 은입사
포류수금문 정병

고려 시대 대표적인 금속 공예품의 하나로 높이 37.5㎝의 은입사로 시문 된 정병이다. 둥근 몸체의 어깨와 굽 위에 꽃무늬를 두르고, 그 사이에 우거진 갈대와 수양버들이 늘어진 언덕이 있으며, 주위로 오리를 비롯하여 물새들이 헤엄치거나 날아오르는 서정적인 풍경을 묘사하였다. 먼 산에는 줄지어 철새가 날고 있고, 물 위에는 사공이 조각배를 젓고 있다. 이들은 모두 청동 바탕에 문양 부분을 파낸 뒤 은을 박아 장식한 은입사 기법으로 시문하였다.

물을 따르는 부리에는 뚜껑이 덮여 있는데 구멍을 뚫어 장식하는 기법으로 덩굴무늬를 새기고, 그 옆면에는 연꽃무늬를 배치하였다. 목 부분의 둥근 테두리에 덮인 뚜껑에도 은판을 뚫을 새김으로 장식하였다.

이 정병은 형태에 있어서 안정감 있고 유려한 곡선미를 보여주며, 무늬를 표현함에 있어서도 고려 전기부터 크게 발달된 입사 기법을 유감없이 발휘하고 있다. 현존하는 고려 시대 은입사정병은 여러 점이 알려져 있으나, 이 정병은 푸른 색조와 어우러진 문양의 서정성이 돋보이는 가장 뛰어난 작품이다.

분류	유물 / 불교공예 공양구 / 공양구
수량/면적	1개
소재지	서울시 용산구 서빙고로 137
시대	고려
소유	국유
관리	국립중앙박물관

국보 제93호
백자 철화포도원숭이문 항아리

조선 후기 백자 항아리로 적당한 높이의 아가리에 어깨 부분이 불룩하고 아래로 갈수록 서서히 좁아지는 모양이다. 크기는 높이 30.8㎝, 입지름 15㎝, 밑지름 16.4㎝이다.

직각으로 올라선 아가리 둘레에도 무늬를 두르고 몸통에는 능숙한 솜씨로 포도 덩굴을 그려 넣었다. 검은색 안료를 사용하여 그린 포도 덩굴의 잎과 줄기의 생생한 표현으로 보아 도공들이 그린 그림이 아니라 전문 화가들이 그린 회화성이 짙은 그림임을 알수있다.

몸통 전면에 푸른색이 감도는 유백색의 백자 유약이 고르게 칠해져 있는 이 항아리는 이화여자대학교 박물관에 있는 백자 철화 포도문 항아리(국보 제107호)와 함께 조선시대의 대표적인 백자 항아리이다.

분류	유물 / 생활공예
	토도자공예 / 백자
수량/면적	1개
소재지	서울시 용산구
	서빙고로 137
시대	조선
소유	국유
관리	국립중앙박물관

국보 제94호
청자 참외모양 병

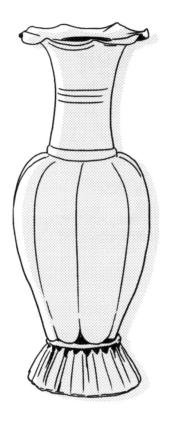

분류	유물 / 생활공예 토도자공예 / 청자
수량/면적	1개
소재지	서울시 용산구 서빙고로 137
시대	고려
소유	국유
관리	국립중앙박물관

경기도 장단군에 있는 고려 인종의 릉에서 '황통 6년(1146)'이란 연도가 표기된 책과 함께 발견된 화병으로, 높이 22.8㎝, 구연의 지름 8.8㎝, 밑지름 8.8㎝ 크기이다. 참외 모양의 몸체에 꽃을 주둥이로 삼아 표현한 매우 귀족적인 작품으로 긴 목에 치마 주름 모양의 높은 굽이 받치고 있는 단정하고 세련된 화병이다. 담녹색이 감도는 맑은 비색 유약이 얇고 고르게 발라져 있다.

전라남도 강진군 사당리 7·8호 가마터를 중심으로 동일한 청자 조각이 발견되고 있어 주목된다. 이러한 양식은 다른 고려 고분의 출토품에도 보이며 중국의 자주요와 경덕진 가마에서도 비슷한 유형의 병이 발견된다. 고려 청자 전성기인 12세기 전기에 만들어진 것으로 우아하고 단정한 모습과 비색의 은은한 유색이 돋보이는 참외모양 화병 중 가장 아름다운 작품으로 평가된다.

국보 제95호
청자 투각칠보문뚜껑 향로

고려 전기의 청자 향로로, 높이 15.3㎝, 대좌 지름 11.2㎝의 크기이며 뚜껑과 몸통 두 부분으로 구성되어 있다. 뚜껑은 향이 피어올라 퍼지도록 뚫어서 장식한 구형 부분과 그 밑에 받침 부분으로 되어 있다.

구형 부분 곳곳의 교차 지점에는 흰 점이 하나씩 장식되어 있다. 몸통은 두 부분으로 윗부분은 둥근 화로 형태인데, 몇 겹의 국화 잎으로 쌓여있고 다시 커다란 국화 잎이 이를 받치고 있다. 아랫부분은 향로 몸체를 받치고 있는 대좌로, 3 마리의 토끼가 등으로 떠받들고 있다. 대좌의 옆면에는 덩굴무늬가 새겨져 있으며 토끼의 두 눈은 검은 점을 찍어서 나타냈다. 유약은 회청색으로 은은한 광택이 난다.

이 작품은 상감청자의 일종으로 볼 수 있는데, 고려청자에서는 드물게 다양한 기교를 부린 작품이라고 할 수 있다. 공예적인 섬세한 장식이 많은 듯하면서도 전체적으로 조화와 균형이 잘 잡힌 안정감 있는 뛰어난 청자 향로이다.

분류	유물 / 생활공예 토도자공예 / 청자
수량/면적	1점
소재지	서울시 용산구 서빙고로 137
시대	고려
소유	국유
관리	국립중앙박물관

국보 제96호
청자 구룡형 주전자

고려 청자의 전성기인 12세기경에 만들어진 청자 주전자로, 연꽃 위에 앉아있는 거북을 형상화했는데 물을 넣는 수구, 물을 따르는 부리, 몸통, 손잡이로 구성되어 있다.

얼굴 모습은 거북이라기보다 오히려 용에 가깝다. 이마 위의 뿔과 수염, 갈기, 눈, 이빨, 비늘 등이 모두 정교하면서도 부드럽게 숙련된 솜씨로 만들어졌다. 두 눈의 눈동자는 검은색 안료를 사용하여 점을 찍었으며, 아래와 위의 이빨은 가지런하게 표현되어 있다. 목과 앞 가슴의 비늘은 음각했으며, 발톱은 실감 나도록 양각해 놓았다.

등에는 거북등 모양을 새겨 그 안에 왕자를 써넣었고, 등 뒤로 꼬아 붙인 연꽃 줄기는 그대로 손잡이가 되도록 만들었다. 거북등 중앙에는 섬세하게 표현된 작은 연꽃 잎을 오므려 그곳에 물을 담도록 되어있다. 유약은 회청색으로 은은한 윤기가 흐른다.

섬세하고 정교하게 표현된 거북의 모습은 우아한 비취색과 함께, 당시 유행한 동·식물 모양을 모방해서 만든 상형 청자의 아름다움을 보여주는 좋은 작품이다.

분류	유물 / 생활공예 토도자공예 / 청자
수량/면적	1개
소재지	서울시 용산구 서빙고로 137
시대	고려
소유	국유
관리	국립중앙박물관

145

국보 제97호
청자 음각연화당초문 매병

분류	유물 / 생활공예
	토도자공예 / 청자
수량/면적	1개
소재지	서울시 용산구
	서빙고로 137
시대	고려
소유	국유
관리	국립중앙박물관

고려 시대 만들어진 청자매병으로, 높이 43.9㎝, 아가리 지름 7.2㎝, 밑지름 15.8㎝이다. 원래 매병의 양식은 중국 당나라와 송나라에서 그 근원을 찾을 수 있는데, 고려 초기에 전래된 이후 곡선이나 양감에서 중국과는 다른 방향으로 발전하여 고려의 독특한 아름다움을 창조하게 되었다.

이 매병은 작고 야트막하나 야무진 아가리와 풍만한 어깨와 몸통, 잘록한 허리, 그리고 아랫부분이 밖으로 약간 벌어진 곡선에서 전형적인 고려자기 임을 알 수 있다. 아가리는 일반적인 매병 양식으로 각이 져 있으며 약간 밖으로 벌어졌다. 몸통에는 연꽃 덩굴무늬가 전면에 힘차고 큼직하게 표현되어 있다. 맑고 투명한 담록의 회청색 청자유가 전면에 고르게 씌워져 있으며, 표면에 그물 모양의 빙렬이 있다.

유약의 느낌이나 작품의 모양새를 보면 전라남도 강진군 대구면 사당리 가마에서 구워 냈을 것으로 추정되며, 12세기 고려 순청자 전성기의 작품으로 보인다.

국보 제98호
청자 상감모란문 항아리

고려 시대 만들어진 청자 항아리로 크기는 높이 20.1㎝, 아가리 지름 20.7㎝, 밑지름 14.8㎝이다. 몸통에는 앞뒤로 모란이 한 줄 기씩 장식되어 있다. 모란꽃은 잎맥까지도 세세하게 묘사되어 있 는데, 몸체의 한 면마다 가득히 큼직한 문양을 넣어 인상적이고 시원한 느낌을 준다. 특히 꽃은 흰색으로 잎은 검은색으로 상감 하였는데, 꽃을 중심으로 잎을 좌·우·상·하로 대칭되게 배열하였 다. 유약은 맑은 녹색이 감도는 회청색으로 매우 얇고 고르게 칠 해져 있다.

유약의 느낌이나 항아리의 형태로 보아 12세기 경의 작품으로 보 이는 이 항아리는 꽃과 잎이 큼직하게 표현됨으로써 흑백의 대비 가 강하여 시원한 느낌을 주며, 면상감기법을 효과적으로 사용하 여 상감 기법의 높은 품격을 보여주고 있다.

분류	유물 / 생활공예 토도자공예 / 청자
수량/면적	1개
소재지	서울시 용산구 서빙고로 137
시대	고려
소유	국유
관리	국립중앙박물관

국보 제99호
김천 갈항사지 동 · 서 삼층석탑

분류	유적건조물 / 종교신앙
	불교 / 탑
수량/면적	2기
소재지	서울시 용산구
	서빙고로 137
시대	통일신라
소유	국유
관리	국립중앙박물관

갈항사 터(경상북도 김천시 남면 오봉동 소재)에 동·서로 세워
져 있던 두 탑으로, 일제시대에 일본으로 반출될 위기에 처하자
1916년 경복궁으로 옮겨지고, 현재 국립중앙박물관에 옮겨 놓
았다.

2층 기단 위에 3층의 탑신을 올린 일반적인 모습이며, 서로 규모
와 구조가 같다. 기단의 네 모서리와 각 면의 가운데에 기둥모양
을 본떠 새겼는데, 특히 가운데기둥은 두 개씩을 두었다. 몸돌과
지붕돌을 각각 하나의 돌로 구성하고 있는 탑신부는 몸돌의 모서
리마다 기둥을 조각하였으며, 지붕돌의 밑면에 5단씩의 받침을
마련하였다. 동탑의 기단에 통일신라 경덕왕 17년(758)에 언적
법사 3남매가 건립하였다는 내용이 새겨져 있어 만들어진 연대
를 정확히 알 수 있으며, 이두문을 사용하고 있어 더욱 특기할 만
하다.

두 탑 모두 꼭대기의 머리 장식만 없어졌을 뿐 전체적으로 온전하
게 잘 남아있다. 두 탑의 규모가 그리 크지는 않지만 각 부분의 비
례가 조화를 이루고, 위아래층 기단에 가운데기둥을 두 개씩 새겨
놓고 있어 당시의 석탑 양식이 잘 담겨져 있는 탑이다.

국보 제100호
개성 남계원지 칠층석탑

분류	유적건조물 / 종교신앙
	불교 / 탑
수량/면적	1기
소재지	서울시 용산구
	서빙고로 137
시대	고려
소유	국유
관리	국립중앙박물관

경기도 개성 부근의 남계원터에 남아 있던 탑으로, 예전에는 이 터가 개국사의 옛 터로 알려져 개국 사탑으로 불려 왔으나, 나중에 남계원의 터임이 밝혀져 탑의 이름도 개성 남계원 칠층 석탑으로 고쳐지게 되었다. 1915년에 탑의 기단부를 제외한 탑신부만 경복궁으로 이전하였다. 이후 원 위치에 대한 조사 결과 2층으로 구성된 기단이 출토되어 추가 이전해 석탑 옆에 놓았다가 다시 복원해 현재 국립중앙박물관에 옮겨 세워져있다.

탑은 2단의 기단에 7층의 탑신을 세운 모습으로, 얼핏 보면 신라 석탑의 전형을 따르고 있는 듯하나 세부적으로는 양식 상의 변화를 보여준다. 먼저 기단은 신라의 일반형 석탑에 비해 아래층 기단이 훨씬 높아졌고, 상대적으로 2층 기단이 약간 낮아져 있다. 탑신부는 몸돌과 지붕돌을 각각 1개의 돌로 조성하였으며, 몸돌의 모서리마다 기둥 모양의 조각을 새겨 두었다. 지붕돌은 두툼해 보이는 처마가 밋밋한 곡선을 그리다 네 귀퉁이에서 심하게 들려져 고려 시대 석탑의 특징을 보여주고 있으며, 밑면에는 3단씩의 받침이 얕게 새겨져 있다. 탑의 머리장식으로는 노반과 복발만이 하나의 돌에 조각되어 남아있다.

이 탑은 고려 중기 이전에 세워졌을 것으로 추정되고 있다. 탑 전체에 흐르는 웅건한 기풍과 정제된 수법은 신라탑의 영향을 많이 받았던 고려 시대 석탑의 특색을 잘 보여준다. 1915년 탑을 옮겨 세울 때, 탑신부에서 두루마리 7개의 「감지은니묘법연화경」이 발견되었는데, 이는 고려 충렬왕 9년(1283)에 탑 속에 넣은 불교 경전으로, 이때 탑을 보수했음을 알 수 있다.

국보 제102호
충주 정토사지 홍법국사탑

분류	유적건조물 / 종교신앙
	불교 / 탑
수량/면적	1기
소재지	서울시 용산구
	서빙고로 137
시대	고려
소유	국유
관리	국립중앙박물관

고려 목종 때의 승려인 홍법 국사의 탑으로, 충청북도 중원군(현 충주시)의 정토사 옛터에 있던 것을 1915년에 경복궁으로 옮겨 왔으며, 현재는 국립중앙박물관에 소장되어 있다. 홍법 국사는 통일신라 말부터 고려 초에 활약하였던 유명한 승려로서 당나라에서 수행하고 돌아와 선을 유행시켰으며, 고려 성종 때 대선사를 거쳐 목종 때 국사의 칭호를 받았다.

이 탑에서 가장 특징적인 것은 탑신의 몸돌로, 둥근 공 모양을 하고 있다. 몸돌에는 공을 가로·세로로 묶은 듯한 십자형의 무늬가 조각되어 있으며, 그 교차점에는 꽃무늬를 두어 장식하고 있다. 지붕돌은 별다른 장식은 없으나 여덟 곳의 모서리마다 꽃 조각을 둔 것이 눈에 띄는데, 아쉽게도 대부분이 없어져 버렸다. 삿갓 모양으로 깊숙이 패인 지붕돌 밑면에는 비천상이 조각되어 있다.

전체적인 구성에서는 8각형을 기본으로 하는 신라의 탑 형식을 잃지 않으면서 일부분에서 새로운 시도를 보여준 작품으로, 제작 연대는 고려 현종 8년(1017)이다. 공 모양의 몸돌로 인해 '알독'이라고 불려지기도 한 이 탑은 새로운 기법을 보여주는 고려 시대의 대표적인 탑으로, 섬세한 조각과 단조로운 무늬가 잘 조화되어 부드러운 느낌을 주고 있다.

국보 제104호
(전)원주 흥법사지 염거화상탑

분류	유적건조물 / 종교신앙
	불교 / 탑
수량/면적	1기
소재지	서울시 용산구
	서빙고로 137
시대	통일신라
소유	국유
관리	국립중앙박물관

통일신라 말의 승려 염거화상의 사리탑이다. 염거화상은 도의선사의 제자로, 선에 대한 이해가 거의 없었던 당시 주로 설악산 억성사에 머물며 선을 널리 알리는데 힘썼다. 체징에게 그 맥을 전하여 터전을 마련한 뒤 문성왕 6년(844)에 입적하였다.

탑은 아래위 각 부분이 8각의 평면을 기본으로 삼고 있다. 기단은 밑돌·가운데 돌·윗돌의 세 부분으로 이루어져 있으며, 각 면마다 소박한 조각이 멋스럽게 펼쳐져 있다. 밑돌에는 사자를 도드라지게 새겼고, 가운데돌에는 움푹 새긴 안상안에 향로를 새겨 두었다. 2단으로 마련된 윗돌은 아래단에는 연꽃을 두 줄로 돌려 우아함을 살리고 윗단에는 둥그스름한 안상 안에 여러 조각을 두어 장식하였다. 사리를 모셔둔 탑신의 몸돌은 면마다 문짝 모양, 4천왕상을 번갈아 가며 배치하였는데, 입체감을 잘 살려 사실적으로 표현하였다. 지붕돌은 당시의 목조건축양식을 특히 잘 따르고 있어서 경사면에 깊게 팬 기왓골, 기와의 끝마다 새겨진 막새기와 모양, 밑면의 서까래 표현 등은 거의 실제 건물의 기와지붕을 보고 있는 듯하다. 꼭대기에 있는 머리장식은 탑을 옮기기 전까지 남아 있었으나, 지금은 모두 없어졌다.

탑을 옮겨 세울 때 그 안에서 금동탑지가 발견되었는데, 이를 통해 통일신라 문성왕 6년(844)에 이 탑을 세웠음을 알게 되었다. 사리탑 중에서는 가장 오래된 것으로, 규모는 그리 크지 않으나 단아한 기품과 깨끗한 솜씨가 잘 어우러져 있다. 이후 대부분의 사리탑이 이 양식을 따르고 있어 그 최초의 의의를 지니는 작품이다.

국보 제110호
이제현 초상

분류	유물 / 일반회화
	인물화 / 초상화
수량/면적	1폭
소재지	서울시 용산구
	서빙고로 137
시대	고려
소유	국유
관리	국립중앙박물관

고려 후기 문신이자 학자인 익재 이제현(1287~1367)의 초상화이다. 이제현은 원나라의 만권당에서 조맹부 등과 교류하며 고려에 신학문과 사상을 소개하고, 성리학을 전파, 발전시키는데 중요한 역할을 하였다. 호는 익재·역옹으로, 「국사」, 「역옹패설」 등을 남겼다.

이 그림은 충숙왕 6년(1319) 이제현이 왕과 함께 원나라에 갔을 때 당시 최고의 화가인 진감여가 그린 그림으로, 전해오는 고려 시대 초상화가 대부분 다시 그려진 이모본인데 비해 직접 그린 원본으로, 안향의 반신상과 함께 현재 남아 있는 고려 시대 초상화의 원본 2점 가운데 하나이다. 얼굴과 의복을 선으로 표현한 것은 고려 시대 다른 초상화들과 비슷하며, 조선시대 초상화가 인물이 오른쪽을 향하고 배경이 되는 바탕에 아무런 그림을 그려 넣지 않은 것에 비해 빈틈없는 구성과 왼쪽을 향하고 있는 모습에서 고려 초상화의 단면을 엿볼 수 있다. 비록 원나라 화가가 그린 것이지만 구도가 안정되고 인물 묘사가 뛰어난 우수한 작품으로 우리나라 미술사에서 대단히 중요한 위치를 차지하고 있다. 현재 동일한 양식의 익재 이제현의 초상화 4점이 전해지는데 그중 가장 뛰어난 작품이다.

국보 제113호
청자 철화양류문 통형 병

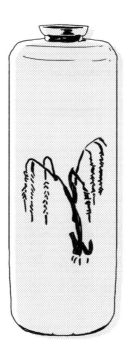

분류	유물 / 생활공예
	토도자공예 / 청자
수량/면적	1개
소재지	서울시 용산구
	서빙고로 137
시대	고려
소유	국유
관리	국립중앙박물관

고려 시대에 제작된 높이 31.6㎝의 철회청자병으로 긴 통 모양의 병 앞뒤에 한 그루씩의 버드나무를 붉은 흙으로 그려 넣은 소박한 병이다. 전체적으로 선의 변화가 거의 없는 직선이고 단순한 형태를 하고 있는데, 어깨 부분을 적당하게 모깎기를 하고 아가리가 밖으로 벌어진 모양을 하고 있어 단조로움을 덜어주고 있다. 몸통의 양면에 있는 버드나무를 제외하고 특별한 장식이 없으며, 대담하게 단순화시킨 버드나무의 간결한 표현에서 운치 있고 세련된 감각이 엿보인다.

유약은 굽는 과정에서 우연히 한쪽 면의 버드나무 아랫부분과 다른 면의 버드나무 배경 부분이 담담한 푸른색을 띠게 되었는데 이것이 마치 연못과 같은 회화적 효과를 더해주고 있다.
고려 철회 청자 중에는 긴 원통형의 몸체를 지닌 특이한 형태의 병들이 몇 점 전해지고 있는데, 이 병은 그 중의 한 예로 1931년 조선총독부 박물관이 일본인 수집가로부터 사들인 것이다. 형태상의 적절한 비례와 어깨의 모깎기 형태, 몸체에 그린 자연스러운 선의 흐름, 독창적인 표현들이 매우 돋보이는 작품이다.

국보 제114호
청자 상감모란국화문
참외모양 병

분류	유물 / 생활공예
	토도자공예 / 청자
수량/면적	1개
소재지	서울시 용산구
	서빙고로 137
시대	고려
소유	국유
관리	국립중앙박물관

고려청자의 전성기에 만들어진 참외 모양의 화병으로, 높이 25.6㎝, 아가리 지름 9.1㎝, 밑지름 9.4㎝이다. 긴 목 위의 아가리가 나팔처럼 벌어진 것이 참외 꽃 모양이고, 목의 중간부에는 2줄의 가로줄이 백토로 상감되어 있다. 이런 모양의 병은 중국 당나라에서 비롯되었으나 고려 시대에 와서 한국적으로 변화되었다. 몸통은 참외 모양으로 여덟 부분으로 나뉘어 골이 지어있다. 목과 몸통의 연결 부위는 볼록한 선으로 둘러 확실한 경계를 이룬다. 목의 바로 아래에는 8개의 꽃봉오리 띠가 백상감되어 있다. 몸통의 중간부에는 여덟개의 면에 모란무늬와 국화무늬를 번갈아 가며 1개씩 장식하였으며 몸통의 아래쪽은 연꽃이 흑백상감 되어 있다. 굽은 주름치마 모양의 높은 굽을 붙였으며, 유약은 그다지 고르지 않고 색깔도 다소 어두운 편이나 전체적인 비례나 균형에 있어 안정되어 있다.

이 병은 전라북도 부안군 보안면 유천리 가마터에서 만들어졌을 것으로 짐작되는데 형태가 같은 것으로는 국보 제94호인 청자 참외 모양 병이 있다.

국보 제115호
청자 상감당초문 완

고려청자의 전성기 때 만들어진 청자대접으로 높이 6.05㎝, 입지
름 16.8㎝, 밑지름 4.4㎝이다. 고려 의종 13년(1159)에 죽은 문공유
의 묘지(죽은 사람에 대한 기록을 적은 글)와 함께 경기도 개풍군
에서 출토된 것인데, 연대를 알 수 있는 상감청자 가운데 가장 오
래된 것이다.

굽 부분이 좁고 아가리가 위로 벌어진 형태인데, 굽에서 아가리
에 이르는 선은 완만한 선을 이루고 있다. 대접의 안쪽 가운데에
는 원을 그리고, 그 안에 큰 꽃무늬를 새겼는데, 바탕을 백토로 상
감하는 역상감기법을 쓰고 있다. 아가리 주위를 제외한 그릇 안
쪽은 온통 덩굴무늬로 자유롭게 메우고 있다. 대접의 바깥쪽은
안쪽의 아가리 부분과 똑같은 문양으로 장식하였으며 중심부 5곳
에 국화 한 송이씩을 두고 있는데 꽃은 흰색으로, 잎은 검은색으
로 상감하였다. 안쪽 면이 모두 백상감된 단색인데 비해 바깥 면
의 호화스러운 국화꽃무늬가 잘 조화되어 전성기 청자 상감에서
도 드물게 보이는 장식 효과를 나타내는 작품이다. 회청색 계열
의 비췻빛 유약이 매우 맑고 고르게 씌어 있어서 표면의 색조가
은은하고 상감 효과도 한층 돋보인다. 이 대접은 12세기 중엽 고
려청자의 상감 기법이 발달하는 과정과 수준을 잘 보여주는 귀중
한 작품으로서 고려청자 상감사를 연구하는데 없어서는 안 될 중
요한 자료이다.

분류	유물 / 생활공예 토도자공예 / 청자
수량/면적	1개
소재지	서울시 용산구 서빙고로 137
시대	고려
소유	국유
관리	국립중앙박물관

국보 제116호
청자 상감모란문
표주박모양 주전자

분류	유물 / 생활공예
	토도자공예 / 청자
수량/면적	1개
소재지	서울시 용산구
	서빙고로 137
시대	고려
소유	국유
관리	국립중앙박물관

12세기 중엽의 고려 시대 청자 주전자로 고려자기 중에서 종종 확인되는 표주박 모양을 하고 있다.

세련된 유선형의 모양에 완벽한 비례의 아름다움까지 곁들여 조화시킨 이 작품은 목의 윗부분에 흑백 상감으로 구름과 학무늬를 그려 넣었다. 잘록한 목은 골이 지게 패여 있어 주름이 잡혀 있는 듯한 형태를 이루고 있다. 병의 아래 부분 몸통에는 활짝 핀 모란과 피지 않은 봉오리, 잎들이 꽉 짜인 채 전체를 장식하고 있다. 그릇 형태나 유약 색으로 볼 때 선이 매우 우아하면서도 안정감을 주며 은근한 빛을 머금고 있어 고려인의 조형성을 유감없이 보여주고 있다.

국보 제125호
녹유골호(부석제외함)

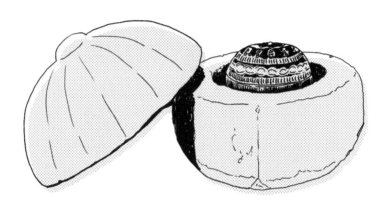

골호란 불교에서 시신을 화장한 후 유골을 매장하는데 사용된 뼈 항아리로, 삼국시대 후기부터 고려 시대까지 성행하였다.

뚜껑에 둥근 꼭지가 달리고 꽃잎 모양으로 각이 진 화강암으로 된 외함 속에서 발견된 이 골호는 몸체와 뚜껑에 녹색 유약을 입힌 높이 16cm, 입지름 15.3cm의 통일신라시대 뼈 항아리이다.

몸체에는 도장을 찍듯 점선과, 꽃무늬로 가득 장식하였다. 골호 중에는 이처럼 무늬를 찍어서 장식한 뒤 유약을 바른 시유골호가 몇 점 전해지는데, 이 골호는 그중에서 가장 뛰어난 작품이다.

분류	유물 / 생활공예 토도자공예 / 녹유
수량/면적	1개
소재지	서울시 용산구 서빙고로 137
시대	통일신라
소유	국유
관리	국립중앙박물관

국보 제119호
금동연가7년명여래입상

분류	유물 / 불교조각
	금속조 / 불상
수량/면적	1구
소재지	서울시 용산구
	서빙고로 137
시대	고구려
소유	국유
관리	국립중앙박물관

고구려와 관련된 글이 새겨져 있는 불상으로, 옛 신라 지역인 경상남도 의령 지방에서 발견되었다는 점이 주목된다. 광배 뒷면에 남아있는 글에 따르면 평양 동사의 승려들이 천불을 만들어 세상에 널리 퍼뜨리고자 만들었던 불상 가운데 29번째 것으로, 전체 높이는 16.2㎝이다.

머리는 삼국시대 불상으로는 유례가 드물게 작은 소라 모양의 머리칼을 붙여 놓았으며, 정수리 부근에는 큼직한 상투 모양의 머리가 있다. 얼굴은 비교적 작은데, 살이 빠져 길쭉한 가운데 미소를 풍기고 있다. 오른손은 앞으로 들어 손바닥을 정면으로 향하고 있으며, 왼손은 허리 부분에서 손바닥이 정면을 향하게 하여 아래로 내리고 있다. 왼손의 세 번째와 네 번째 손가락을 구부리고 있는 모습은 삼국시대 불상에서 나타나는 특징적인 모습이다. 유난히 두꺼운 옷에 싸인 신체는 굴곡의 표현이 없지만, 전체적인 체구와 약간 보이는 어깨의 골격 등에서 강인한 힘을 느끼게 한다. 새의 날개깃 모양의 옷자락은 좌우로 힘차게 뻗쳐 있는데, 날카롭고 힘 있는 모습이 중국 북위 이래의 양식을 보여준다. 불상과 함께 붙여서 만든 광배는 앞면에 거칠게 소용돌이치는 듯한 불꽃무늬가 선으로 새겨져 있다.

광배의 일부분이 손상되었으나 도금까지도 완전히 남아 있는 희귀한 불상으로, 광배 뒷면에 남아있는 글과 강렬한 느낌을 주는 표현 방법 등으로 볼 때 6세기 후반의 대표적인 고구려 불상으로 보인다.

국보 제127호
서울 삼양동 금동관음보살입상

분류	유물 / 불교조각
	금속조 / 보살상
수량/면적	1구
소재지	서울시 용산구
	서빙고로 137
시대	삼국
소유	국유
관리	국립중앙박물관

1967년 서울시 도봉구 삼양동에서 발견된 높이 20.7㎝의 보살상으로, 현재는 국립중앙박물관에서 관리하고 있다.

머리에는 삼각형의 관을 쓰고 있고, 양감 있는 얼굴은 원만해 보이며, 입가에는 엷은 미소를 짓고 있다. 상체는 어깨가 좁아 위축된 모양이며, 배를 앞으로 내밀고 있어 옆에서 보면 활처럼 휘어진 모습이다. 배와 무릎 근처에 이중으로 걸쳐져 있는 두꺼운 옷은 U자형으로 늘어져 있다. 치마는 두껍게 입어서 다리의 윤곽이 뚜렷하지 않으며, 옷 주름은 몇 가닥의 선으로 단순화시켰다. 오른손은 허리 근처에서 정병을 들고 있으며, 왼손은 위로 올려 엄지와 검지를 V자형으로 곧게 펴고 있는 특이한 모습이다. 보살이 서 있는 대좌에는 엎어 놓은 연꽃무늬를 새겨 놓았으며, 꽃잎은 그 끝이 뾰족하여 보살상의 부드러움과 대비된다.

이 보살상은 삼각형 모양의 관에 작은 부처 하나를 새기고 있는 점과 오른손에 정병을 들고 있는 점으로 볼 때 관음보살이 분명하며, 살찐 얼굴과 신체, U자형으로 늘어진 옷 등으로 보아 만든 시기는 7세기 전반으로 추정된다. 따라서 삼국시대 후기에 크게 유행했던 관음신앙의 단면을 보여주는 귀중한 자료라 하겠다.

국보 제131호
고려말 화령부 호적관련고문서

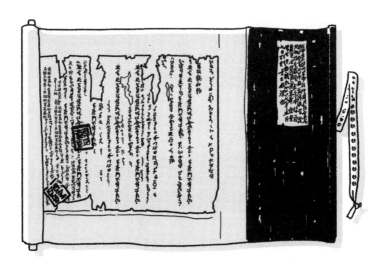

이 호적은 고려 공양왕 2년(1390)에 조선을 건국한 태조 이성계 (1335~1408)의 본향인 영흥에서 작성한 것이다. 원래 고려 시대 양반은 3년에 한 번씩 호적을 작성하는데 이때 2부를 작성한다. 1부는 관아에 보고하고 다른 1부는 자신이 가지고 있었다. 이것은 이성계 자신이 보관하고 있었던 것으로 보인다.

이 문서의 내용을 보면 이성계의 관직, 식봉이 명기되어 있으며, 태종 이방원의 이름도 들어있다. 그뿐만 아니라 호주 이성계를 중심으로 동거하는 자식, 형제, 사위와 노비를 기록하고 있다. 이 문서는 이성계가 조선을 건국하기 전의 기록으로 이성계의 세계를 파악하는데 참고가 될 뿐만 아니라 당시의 호적제도를 연구하는 아주 귀중한 자료이다.

분류	기록유산 / 문서류
	관부문서 / 호적류
수량/면적	1축
소재지	서울시 용산구
	서빙고로 137
시대	고려
소유	국유
관리	국립중앙박물관

국보 제145호
귀면 청동로

귀면 청동로는 높이 12.9㎝로 솥 모양의 몸체(훈구부)를 받침부(기대부)가 받치고 있는 모습이며, 몸체에 도깨비 얼굴을 형상화시켜 놓았다.

몸체의 윗부분인 구연부에는 3개의 굴곡진 산형으로 처리되었고 삼각형 모양이 솟아 있고, 몸체 양 측면에는 각각 2개의 고리가 달려 있다. 그 고리에 손잡이 장식을 달았던 것으로 보이는데, 지금은 남아 있지 않다. 몸체의 아랫부분은 밑으로 가면서 잘록해지면서 받침부와 연결되었는데, 잘록한 부분에는 도깨비 얼굴을 크게 새기고, 입을 뚫어서 내부로 관통되도록 만들었다. 받침부 밑에는 괴수형의 얼굴로 조각된 3개의 다리가 붙어 있다. 외형은 거의 완전한 상태로 남아 있으나 솥 안쪽에 불덩이를 받쳤던 불받침판이 없어졌다.

외형은 향로와 비슷하지만 몸체에 바람이 들어가는 통풍구를 뚫은 점에서 풍로나 다로로 사용되었을 가능성도 있다.

분류	유물 / 생활공예
	금속공예 / 청동용구
수량/면적	1개
소재지	서울시 용산구
	서빙고로 137
시대	고려
소유	국유
관리	국립중앙박물관

국보 제151-4호
조선왕조실록 적상산사고본

분류	기록유산 / 전적류
	전적류 / 전적류
수량/면적	4책(광해군일기 : 1책,
	성종·인조·효종실록 :
	3책)
소재지	서울시 용산구
	서빙고로 137
시대	조선
소유	국유
관리	국립중앙박물관

168

「조선왕조실록」은 조선 태조에서부터 조선 철종 때까지 25대 472년간(1392~1863)의 역사를 편년으로 정리한 책이다. '성종대왕실록'처럼 왕의 묘호를 붙인 서명으로 간행되었으므로, 일반적으로 '조선왕조실록' 이라고 통칭한다. 완질은 1,717권에 이르는 방대한 기록이다. 완성된 실록은 재난에 대비하고자 춘추관 사고(서울), 정족산 사고(강화), 태백산 사고(봉화), 오대산 사고(평창), 적상산 사고(무주)의 전국 5대 사고에 보관하였다.

조선왕조실록은 조선시대의 정치·문화·사회·외교·경제·군사·법률 등 각 방면의 역사적 사실이 망라되어 있으며, 국왕도 마음대로 열람하지 못했을 정도로 진실성과 신빙성이 매우 높은 사료이다. 이러한 가치를 인정받아 1973년 12월 31일 국보 제151호로 정족산사고본 1,181책(제151-1호), 태백산 사고 본 848책(제151-2호), 오대산사고본 27책(제151-3호), 기타 산엽본 21책(제151-4호), 도합 2,077책을 국보로 지정하였다. 이후 국제적으로도 역사적·학술적 가치를 인정받아 1997년 10월 유네스코 세계기록유산에도 등재되었다.

적상산사고본 실록의 발견으로 국내에는 4대 서고인 정족산·오대산·적상산·태백산사고본이 완질 또는 일부 소장된 사실을 확인할 수 있게 되었다.

국보 제155호
무령왕비 금제관식

공주시 무령왕릉에서 왕의 관식과 함께 출토된 왕비의 금제 관장식으로, 모양과 크기가 같은 한 쌍으로 되어 있다.

금판에 무늬를 뚫어서 장식하고 밑에 줄기를 달았다. 투조로 표현된 문양은 좌우대칭을 이루도록 정돈되면서 정연한 느낌을 준다. 문양은 중심부의 연꽃 받침 위에 놓인 병을 중심으로 그 주위에 덩굴무늬가 있고 병 위에는 활짝 핀 꽃한송이가 있으며, 중간부터 위쪽의 가장자리에는 불꽃무늬가 솟아 있는 모습으로 표현하였다. 무령왕릉 안에서 같이 발견된 왕의 관 장식보다 규모가 조금 작고 구슬 등의 장식이 달려있지 않아 간결한 인상을 준다. 무령왕릉은 백제 25대 무령왕(재위 501~522)과 왕비의 무덤으로, 벽돌을 이용해 만든 벽돌무덤(전축분)이며, 많은 유물이 발견되었다. 이들은 6세기 전반 백제문화의 수준과 묘제, 사장 등의 일면을 알려주는 자료로 평가되고 있으며, 이 가운데 지석은 삼국시대 고분 중 최초로 무덤에 묻힌 주인과 만든 시기를 밝혀주는 자료가 되고 있다.

분류	유물 / 생활공예 금속공예 / 장신구
수량/면적	1쌍
소재지	서울시 용산구 서빙고로 137
시대	백제
소유	국유
관리	국립중앙박물관

국보 제167호
청자 인물형 주전자

고려 시대의 만들어진 상형 청자로 높이 28.0㎝, 밑지름 11.6㎝의
주전자이다. 상형 청자는 사물의 모습을 그대로 본떠 만든 것으로
이 주전자는 머리에 모자(관)를 쓰고 도포를 입은 사람이 복숭아
를 얹은 그릇을 들고 있는 모습이다. 모자 앞 부분에 구멍을 뚫어
물을 넣을 수 있게 하였고, 받쳐 든 복숭아 앞 부분에 또 다른 구
멍을 내어 물을 따를 수 있도록 만들었다. 사람의 등 뒤에 손잡이
를 붙였으며, 그 꼭대기에 작은 고리를 만들어 붙였다. 모자에 새
모양을 만들어 장식했고 모자, 옷깃, 옷고름, 복숭아에 흰색 점을
찍어 장식 효과를 냈다. 맑고 광택이 나는 담록의 청자 유약을 전
면에 두껍게 발랐다. 이 주전자는 1971년 대구시 교외의 한 과수원
에서 발견되어 문화재로 지정되었으며, 출토지가 분명한 13세기
전반의 상형 청자 가운데 하나이다.

분류	유물 / 생활공예
	토도자공예 / 청자
수량/면적	1개
소재지	서울시 용산구
	서빙고로 137
시대	고려
소유	국유
관리	국립중앙박물관

국보 제166호
백자 철화매죽문 항아리

분류	유물 / 생활공예
	토도자공예 / 백자
수량/면적	1개
소재지	서울시 용산구
	서빙고로 137
시대	조선
소유	국유
관리	국립중앙박물관

조선시대 백자 항아리로 높이 41.3㎝, 입지름 19㎝, 밑지름 21.5㎝의 크기이다.

농담이 들어간 검은 안료로 목과 어깨 부분에 구름무늬와 꽃잎무늬를 돌렸고 아랫부분에는 연속된 파도 무늬를 장식했다. 몸체의 한 면에는 대나무를, 다른 한 면에는 매화 등걸을 각각 그려 넣었다. 유약은 푸르름이 감도는 유백색으로, 전면에 고르게 씌워져 은은한 광택이 난다.

이러한 항아리의 형태는 16세기 분청사기에서 보이며, 특히 중국 명대의 항아리와 비슷하다. 어깨 부분과 아랫부분에 표현된 무늬는 17세기 전반기의 무늬로 계속 이어진다. 매화, 대나무의 모양이나 밝은 유약 색으로 보아 16세기 후반경 경기도 광주군 일대의 관음리 가마에서 만들어진 것으로 추정된다. 매화와 대나무 그림은 솜씨가 뛰어나서 궁중 화가가 그린 것으로 보인다.
이 항아리는 철화 백자 항아리로서는 초기의 것으로, 당당하고 풍만한 모양새에, 능숙한 솜씨로 매화와 대나무를 표현하여 문양과 형태가 잘 어울리는 우수한 작품이다.

국보 제168호
백자 동화매국문 병

조선 전기에 만들어진 백자 병으로 높이 21.4㎝, 입지름 4.9㎝, 밑지름 7.2㎝이다.

아가리 가장자리가 밖으로 벌어져 있으며 목이 긴 백자 병이다. 목과 어깨 그리고 몸체에 각각 2줄의 선을 두르고 목과 어깨 사이에는 파초잎을 그렸으며, 어깨와 몸통 앞뒤로는 매화와 국화무늬를 옆으로 길게 그렸다. 파초 무늬는 형식적이나 매화와 국화무늬는 사실적이다.

우리나라에서는 고려시대 도자기에 이미 진사를 사용하기 시작했으나, 조선시대 전기에는 도자기에 붉은색을 냈다는 사실만이 전해지고 있을 뿐이며 후기에 이르러서야 본격적으로 사용되고 있다. 이 작품은 조선 전기에 진사로 무늬를 그린 병으로 그 가치가 크다고 하겠다.

분류	유물 / 생활공예 토도자공예 / 백자
수량/면적	1개
소재지	서울시 용산구 서빙고로 137
시대	조선
소유	국유
관리	국립중앙박물관

국보 제170호
백자 청화매조죽문 유개항아리

조선시대 만들어진 높이 16.8㎝, 입지름 6.1㎝, 밑지름 8.8㎝의 뚜껑이 있는 백자 항아리이다.

뚜껑의 손잡이는 연꽃봉오리 모양이며, 어깨는 벌어졌고 잘록한 허리의 선은 바닥에서 약간 도드라지는 듯한 느낌을 준다. 굽의 접지면 바깥 둘레는 약간 경사지게 깎아내렸다. 뚜껑의 손잡이에 꽃잎 4장을 그리고 그 주위에 매화와 대나무를 그린 것이, 조선 전기 회화에서 보이는 수지법과 비슷하다. 아가리 가장자리에 꼬불꼬불하게 이어진 덩굴무늬를 그리고, 몸체의 한 면에는 한 쌍의 새가 앉아있는 매화와 들국화를, 다른 한 면에는 V자형으로 뻗어나간 대나무를 그렸다. 그림 속에 농담의 변화가 보이는 것이 전문 화가에 의해 그려진 것으로 생각된다. 이 항아리는 조선 초기의 고분에서 출토되었다고 전해지며 이 무렵 백자 항아리의 형태와 문양 연구에 중요한 자료이다.

분류	유물 / 생활공예
	토도자공예 / 백자
수량/면적	1개
소재지	서울시 용산구
	서빙고로 137
시대	조선
소유	국유
관리	국립중앙박물관

국보 제175호
백자 상감연화당초문 대접

고려 백자의 전통을 이은 조선 전기의 백자로, 높이 7.6㎝, 입지름 17.5㎝, 밑지름 6.2㎝인 대접이다.

바탕흙은 석고와 같은 질감으로, 벽이 얇은 그릇이다. 아가리 부분이 밖으로 살짝 벌어지고 안쪽 윗부분에는 단순화된 덩굴무늬가 둘러져 있다. 바깥 면에는 그릇의 위와 아랫부분에 두 줄의 띠를 두르고, 그 안에 연꽃 덩굴무늬를 상감기법으로 표현하였다.

이러한 백자 상감류는 조선시대 15세기 중반경에 주로 만들어진 것으로 대체로 경상도와 일부 지방 가마에서 고려의 수법을 계승하였다.

분류	유물 / 생활공예 토도자공예 / 백자
수량/면적	1개
소재지	서울시 용산구 서빙고로 137
시대	조선
소유	국유
관리	국립중앙박물관

국보 제178호
분청사기 음각어문 편병

조선시대 전기에 제작된 분청사기 편병으로 배 부분이 앞·뒤 양 면으로 납작한 편평한 모양이며, 크기는 높이 22.6㎝, 입지름 4.5㎝, 밑지름 8.7㎝이다.

백토을 두껍게 입히고 조화 수법으로 무늬를 그린 위에 연한 청 색의 투명한 유약을 칠하였다. 앞·뒷면과 옆면에 서로 다른 무늬 와 위로 향한 두 마리의 물고기를 생동감이 넘치는 선으로 나타 냈다. 물고기무늬는 분청사기 조화 수법의 특징을 충분히 표현하 고 있는데 조화수법이란 백토로 분장한 그릇에 선으로 음각의 무 늬를 새겨 넣고 백토를 긁어내어 하얀 선으로 된 문양을 만드는 기법이다. 양 옆면은 세 부분으로 나누어 위와 중간에 4엽 모란무 늬를 새기고, 배경을 긁어냈으며 아랫부분에는 파초를 넣었다. 바 탕흙은 회청색으로 백토 분장이 된 곳과 분장이 안 된 곳과의 대 조가 선명하다.

분류	유물 / 생활공예 토도자공예 / 분청
수량/면적	1개
소재지	서울시 용산구 서빙고로 137
시대	조선
소유	개인소장
관리	국립중앙박물관

국보 제180호
김정희필 세한도

분류	유물 / 일반회화
	산수화 / 산수화
수량/면적	1축
소재지	서울시 용산구
	서빙고로 137
시대	조선
소유	개인소장
관리	국립중앙박물관

추사 김정희(1786~1856)는 실학자로 청나라 고증학의 영향을 받아 금석학을 연구하였으며 뛰어난 예술가로 추사체를 만들었고 문인화의 대가였다. 이 작품은 김정희의 대표작으로 가로 69.2㎝, 세로 23㎝의 크기이다.

이 그림은 그가 1844년 제주도에서 귀양살이를 하고 있을 때 그린 것으로 그림의 끝부분에는 자신이 직접 쓴 글이 있다. 이 글에서는 사제 간의 의리를 잊지 않고 북경으로부터 귀한 책들을 구해다 준 제자 이상적의 인품을 소나무와 잣나무에 비유하며 답례로 그려 준 것임을 밝히고 있다. 한 채의 집을 중심으로 좌우에 소나무와 잣나무가 대칭을 이루고 있으며, 주위를 텅 빈 여백으로 처리하여 극도의 절제와 간략함을 보여주고 있다. 오른쪽 위에는 세한도라는 제목과 함께 '우선시상', '완당'이라 적고 도장을 찍어 놓았다. 거칠고 메마른 붓질을 통하여 한 채의 집과 고목이 풍기는 스산한 분위기가 추운 겨울의 분위기를 맑고 청절하게 표현하고 있다. 마른 붓질과 묵의 농담, 간결한 구성 등은 지조 높은 작가의 내면세계를 보여 주고 있다. 인위적인 기술과 허식적인 기교주의에 반발하여 극도의 절제와 생략을 통해 문인화의 특징을 엿볼 수 있는 조선 후기 대표적인 문인화로 평가되고 있다.

국보 제185호
상지은니묘법연화경

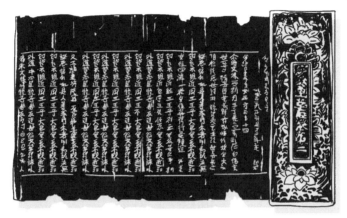

묘법연화경은 줄여서 '법화경'이라고 부르기도 하는데, 우리나라
천태종의 근본경전으로 부처가 되는 길이 누구에게나 열려 있음
을 기본 사상으로 하고 있다. 화엄경과 함께 우리나라 불교사상
의 확립에 가장 크게 영향을 끼쳤으며, 삼국시대 이래 가장 많이
유통된 불교 경전이다.

이 책은 후진의 구마라습이 번역한 「묘법연화경」 7권을 고려 공
민왕 22년(1373)에 은색 글씨로 정성을 들여 옮겨 쓴 것이다. 각
권은 병풍처럼 펼쳐서 볼 수 있는 형태로 되어 있으며, 크기는 세
로 31.4㎝, 가로 11.7㎝이다. 책 끝의 기록에 의하면 당시 봉상대부
허칠청의 시주로 간행하였음을 알 수 있다. 뒷면에 '영암도갑사유
전' 또는 '당사유전'이라고 먹으로 쓴 기록이 몇 군데에 보이고 있
어 원래 전라남도 영암의 도갑사 소장본이었음을 알 수 있다.

불경의 내용을 요약하여 그린 변상도는 없으나, 정성을 들여 만
들었고 보존이 잘 된 편이다. 특히 이 책은 일본으로 유출되었다
가 최근에 되찾아온 것으로서 더욱 중요하게 평가된다.

분류	기록유산 / 전적류
	필사본 / 사경
수량/면적	7권7첩
소재지	서울시 용산구
	서빙고로 137
시대	고려
소유	국유
관리	국립중앙박물관

국보 제186호
양평 신화리 금동여래입상

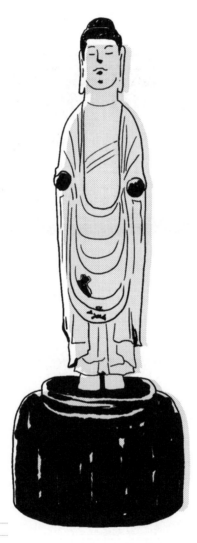

분류	유물 / 불교조각
	금속조 / 불상
수량/면적	1구
소재지	서울시 용산구
	서빙고로 137
시대	삼국
소유	국유
관리	국립중앙박물관

1976년 경기도 양평군 신화리에서 농지를 정리하던 중에 우연히 발견된 높이 30㎝의 불상인데, 이곳에서 기와 조각 등 유물이 많이 나온 것으로 보아 예전에는 절이 있었던 것으로 보인다. 불상은 대좌와 광배를 잃었으나, 보존 상태가 매우 좋고 도금이 거의 완전하게 남아 있다.

얼굴은 길고 둥글어 풍만한 느낌을 주며, 목은 매우 길고 굵게 표현되어 있다. 얼굴에 비해 몸이 매우 길어 비현실적인 모습이다. 옷은 양 어깨에 걸쳐 입고 있는데, 가슴과 배를 많이 드러내면서 U자형의 주름을 만들고 있다. 가슴에는 가로지르는 3가닥의 선을 새겨 속옷을 나타내고 있다. 치마의 옷자락은 몇 줄로 겹쳐져서 굵은 곡선을 그리고 있는데, 주름의 형태가 특이하며 부드럽고 자연스러운 느낌을 준다. 양 손가락이 없어진 상태여서 정확한 손 모양은 알 수 없으나, 오른손은 들어 손바닥을 보이고, 왼손은 손끝이 땅을 향하여 손바닥을 보이고 있었을 것으로 추측된다.

묵직하고 단순한 원통형의 몸체, 간결한 U자형의 주름은 중국 수나라의 영향을 받은 것으로 보이며, 당시 신라가 점령하고 있던 한강 유역에서 출토되었으므로 신라시대의 작품으로 추정된다.

국보 제191호
황남대총
북분 금관

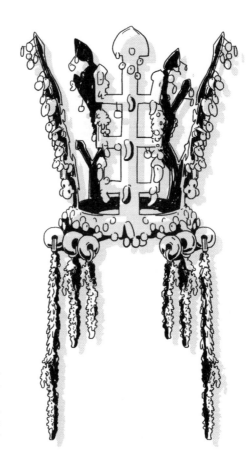

분류	유물 / 생활공예
	금속공예 / 장신구
수량/면적	일괄
소재지	서울시 용산구
	서빙고로 137
시대	신라
소유	국유
관리	국립중앙박물관

경주시 황남동 미추왕릉 지구에 있는 삼국시대 신라 무덤인 황남대총에서 발견된 금관이다. 신라 금관을 대표하는 것으로 높이 27.5㎝, 아래로 늘어뜨린 드리개(수식) 길이는 13~30.3㎝이다. 이마에 닿는 머리띠 앞쪽에는 山자형을 연속해서 3단으로 쌓아 올린 장식을 3곳에 두었고, 뒤쪽 양 끝에는 사슴뿔 모양의 장식을 2곳에 세웠다. 푸른빛을 내는 굽은 옥을 山자형에는 16개, 사슴뿔 모양에는 9개, 머리띠 부분에 11개를 달았다. 또한 원형의 금장식을 균형 있게 배치시켜 금관의 화려함을 더하였다. 아래로 내려뜨린 드리개는 좌·우 각각 3개씩 대칭으로 굵은 고리에 매달아 길게 늘어뜨렸다. 이 금관은 신라 금관의 전형적인 형태를 갖추고 있으며, 어느 것보다도 굽은 옥을 많이 달아 한층 화려함이 돋보인다.

국보 제192호
황남대총 북분 금제 허리띠

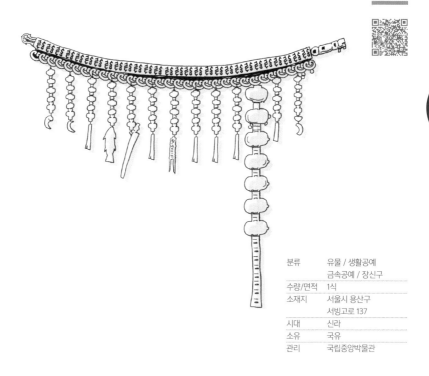

분류	유물 / 생활공예
	금속공예 / 장신구
수량/면적	1식
소재지	서울시 용산구
	서빙고로 137
시대	신라
소유	국유
관리	국립중앙박물관

경주시 황남동 미추왕릉 지구에 있는 삼국시대 신라 무덤인 황남
대총의 북쪽 무덤에서 발견된 금 허리띠(과대)와 띠드리개(요패)
이다. 황남대총은 남·북으로 2개의 봉분이 표주박 모양으로 붙어
있다.

과대는 직물로 된 띠의 표면에 사각형의 금속판을 붙인 허리띠로
서 길이 120㎝, 띠드리개 길이 22.5~77.5㎝이다. 28장의 판으
로 만들어진 이 허리띠는 주위에 있는 작은 구멍들로 미루어 가
죽 같은 것에 꿰맸던 것으로 짐작된다. 이 허리띠와 띠드리개는
완벽한 상태로 출토되어 신라 당시의, 착용법과 띠드리개의 배치
순서를 아는데 중요한 자료가 되고 있다.

국보 제193호
경주 98호 남분
유리병 및 잔

경주시 황남동 미추왕릉 지구에 있는 삼국시대 신라 무덤인 황남
대총에서 발견된 병 1점과 잔 3점의 유리제품이다.

물을 따르기 편하도록 끝을 새 주둥이 모양으로 좁게 오므렸다.
가느다란 목과 가늘게 넓게 퍼진 나팔형 받침은 페르시아 계통
의 용기에서 볼 수 있는 것이다. 목에는 10개의 가는 청색 줄이
있고, 구연부에는 약간 굵은 선을 돌렸으며, 손잡이에는 굵은 청
색유리를 ㄱ자로 붙였다. 손잡이에는 금실이 감겨져 있는 것으로
보아 이는 무덤에 넣기 전 이미 손상되어 수리하였던 것으로 추
측된다.

유리의 질과 그릇의 형태 색깔로 미루어 서역에서 수입된 것으로
추정되어, 그 당시 서역과의 문화 교류를 알게 해 주는 자료이다.

분류	유물
수량/면적	일괄
소재지	서울시 용산구 서빙고로 137
시대	신라
소유	국유
관리	국립중앙박물관

국보 제194호
황남대총 남분 금목걸이

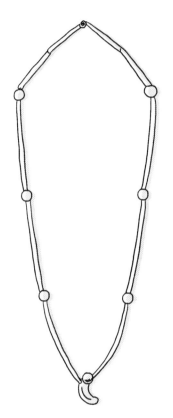

분류	유물 / 생활공예
	금속공예 / 장신구
수량/면적	1식
소재지	서울시 용산구
	서빙고로 137
시대	신라
소유	국유
관리	국립중앙박물관

경주시 황남동 미추왕릉 지구에 있는 삼국시대 신라 무덤인 황남대총에서 발견된 길이 33.2㎝의 금목걸이이다. 황남대총은 남북으로 2개의 봉분이 표주박 형태로 붙어 있는데, 남쪽 무덤에서 사람의 목에 걸린 채로 널(관) 안에서 발견되었다.

금실을 꼬아서 만든 금 사슬 4줄과 속이 빈 금 구슬 3개를 교대로 연결하고, 늘어지는 곳에는 금으로 만든 굽은 옥을 달았다. 경주지역 신라의 무덤에서 발견되는 대부분의 목걸이 끝부분에 푸른빛의 굽은 옥을 장식한데 반하여 전체를 금으로 만들고 끝부분에도 굽은 옥 형태의 금으로 장식한 독특한 목걸이이다. 금 사슬, 금 구슬, 굽은 옥의 비례와 전체적인 크기가 조화를 이루고 있어, 우아하고 세련된 멋을 풍기고 있다.

국보 제239호
송시열초상

분류	유물 / 일반회화
	인물화 / 초상화
수량/면적	1폭
소재지	서울시 용산구
	서빙고로 137
시대	조선
소유	국유
관리	국립중앙박물관

조선 중기의 대표적인 유학자인 우암 송시열(1607~1689) 선생
의 초상화이다. 송시열 선생은 조선의 대표적 성리학자로 힘 있
고 논리적인 문장과 서예에 뛰어났고 평생 주자학연구에 몰두하
여 율곡 이이의 학통을 잇는 기호학파의 주류였다.

이 초상화는 가로 56.5㎝, 세로 97㎝로 비단 바탕에 채색하여 그
린 반신상이다. 머리에는 검은색 건을 쓰고 유학자들이 평상시에
입는 옷인 창의를 걸치고 오른쪽을 바라보고 있다. 과장되게 표
현된 거구의 몸체와 개성적인 눈썹 그리고 깊게 패인 광대뼈의
주름에서는 학식의 깊이를 느끼게 한다. 얼굴은 엷게 채색한 다
음 갈색 선으로 주름을 그렸고 옷의 주름은 부드러운 곡선으로
간결하게 표현하였다.

이 그림 오른쪽에는 그가 45세 때 쓴 글이 있고, 위쪽에는 정조
가 쓴 칭찬의 글인 찬문이 남아있다. 이 두 글에 의해 그의 나이 45세
때 그려진 것이라고도 하고, 깊은 주름과 하얗게 센 수염은 노년
의 모습으로 그가 살아있을 때 노년의 모습을 그린 본을 따라 정
조 때 옮겨 그려진 것이라고도 한다. 옮겨 그려진 것이라 하더라
도 화공의 솜씨가 뛰어나며 명암을 전혀 사용하지 않고 표현한
강한 눈매와 숱 많은 눈썹, 붉은 입술 등에서 그의 성품이 보이며
옷의 흑과 백의 대조는 유학자로서의 기품을 더해주고 있다.

그가 죽은 뒤 그를 받들고 추모하는 사람들에 의해 많은 영당과
서원이 건립되었고 그곳에 봉안하기 위한 이모본들이 제작되었
는데 현재 5점이 전해지며 그 중에서 이 그림이 제일로 손꼽힌다.

국보 제245호
초조본 신찬일체경원품차록
권 20

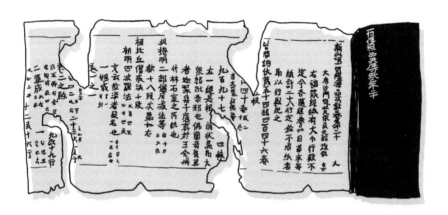

분류	기록유산 / 전적류
	목판본 / 대장도감본
수량/면적	1권1축
소재지	서울시 용산구
	서빙고로 137
시대	고려
소유	국유
관리	국립중앙박물관

「일체경원품차록」은 당나라 종범이 「정원석교대장록」에 의거하여 여러 경권을 대조하여 정리하고, 경명, 번역한 사람, 총 지면 수와 권질 그리고 각 경의 차례를 권 별로 시작하는 본문에 이어 종이 수, 행 수를 자세히 차례대로 적어 30권으로 편입시킨 것이다. 이 유물은 그 가운데 권 20에 해당한다.

초조본에서만 볼 수 있는 매우 귀중한 자료이다.

국보 제246호
초조본 대보적경 권 59

대보적경은 대승불교의 여러 경전을 한데 묶어 정리한 것으로, 보살이 여러 가지 수행 방법을 통해서 불법을 터득하고 깨달음을 얻어 마침내 부처가 되어야 함을 강조하고 있다. 이 책은 고려 현종 때(재위 1011~1031) 부처님의 힘으로 거란의 침입을 극복하고자 만든 초조대장경 가운데 하나로, 당나라 보리유지 등 17인이 번역한 120권 가운데 권 제59이다. 닥종이에 찍은 목판본으로 종이를 길게 이어붙여 두루마리처럼 말아서 보관할 수 있도록 되어 있으며, 세로 30㎝, 가로 47cm의 종이를 23장 이어붙인 것이다.

분류	기록유산 / 전적류 목판본 / 대장도감본
수량/면적	1권축
소재지	서울시 용산구 서빙고로 137
시대	고려
소유	국유
관리	국립중앙박물관

국보 제259호
분청사기 상감운룡문 항아리

분류	유물 / 생활공예
	토도자공예 / 분청
수량/면적	1점
소재지	서울시 용산구
	서빙고로 137
시대	조선
소유	국유
관리	국립중앙박물관

조선시대 만들어진 분청사기 항아리로 아가리가 밖으로 살짝 말리고 어깨에서부터 완만한 곡선을 이루며 서서히 좁아진 모습을 하고 있다.

크기는 높이 49.7㎝, 아가리 지름 15㎝, 밑 지름 21.2㎝로 기벽이 두껍고 묵직하다. 도장을 찍 듯 반복해서 무늬를 새긴 인화 기법과 상감기법을 이용해서 목둘레를 국화 무늬로 새겼으며, 몸통에는 세 군데에 덩굴무늬 띠를 둘러 크게 세 부분으로 나누고 있다. 위쪽 부분은 다시 꽃무늬 모양의 굵은 선을 둘러 구획을 나누고 위, 아래로 국화무늬와 파도 무늬를 꽉 차게 찍어 놓았다. 몸통 가운데에는 네발 달린 용과 구름을 활달하게 표현하였으며, 맨 아래쪽은 연꽃무늬를 두르고 있다.

15세기 전반 분청사기 항아리의 전형으로 안정된 형태와 용 문양 표현이 뛰어나다.

국보 제260호
분청사기 박지철채모란문 자라병

조선시대 만들어진 분청사기 병으로 야외에서 술, 물을 담을 때
사용하던 용기이다. 자라와 비슷한 모양을 하고 있어 자라병이라
불리우며, 크기는 높이 9.4㎝, 지름 24.1㎝이다. 병 전체를 백토로
두껍게 바르고, 윗면에는 모란꽃과 잎을 간략하게 나타냈다. 무늬
가 새겨진 곳 이외의 백토 면을 깎아낸 후, 검은색 안료를 칠하여
흑백의 대조가 대비되는 효과를 가져오게 하였다. 이와 같은 무
늬 장식 기법을 박지기법이라 하는데, 분청사기 무늬 중 조형적
으로 가장 뛰어나다.

이 병의 박지 모란무늬는 구성이 대담하고 활발할 뿐만 아니라
무늬와 바탕면과의 대조를 선명하게 하기 위하여 바탕 면에 검은
색 안료를 입혔다. 병의 밑면에도 모란을 선으로 새겨 장식하고
있다. 굽은 낮고 바닥 가장자리에 덩굴무늬 띠를 돌렸으며, 유약
의 색은 회청색으로 광택이 있으나 바닥의 일부는 산화되어 변색
되어 있다.

박지 기법과 검은색 안료의 사용이 잘 조화되어 분청사기 특유의
대범하고 활달한 분위기가 잘 나타난 작품이다.

분류	유물 / 생활공예 토도자공예 / 분청
수량/면적	1점
소재지	서울시 용산구 서빙고로 137
시대	조선
소유	국유
관리	국립중앙박물관

국보 제253호
청자 양각연화당초상감모란문
은테 발

고려 시대에 만든 청자대접으로 아가리 언저리에 은테두리가 있으며, 크기는 높이 7.7㎝, 아가리 지름 18.7㎝, 밑 지름 6.3㎝이다. 안쪽 면에는 연꽃 덩굴무늬를 도드라지게 찍고, 바깥 면에는 모란을 간략하게 상감하여 서로 다른 기법으로 내·외면에 문양을 장식하는 방식을 취했다. 안쪽 면 중앙에는 원이 있고 그 안에 꽃무늬가 있으며 옆면에는 연꽃 덩굴이, 아가리 언저리에는 덩굴무늬 띠가 둘러져 있다. 바깥 면에는 중앙 세 곳에 모란무늬가 흑백 상감 되어 있다. 유약은 약간 반투명한 담청색을 띤 회녹색이다. 이 대접은 안쪽과 바깥 면에 서로 다른 기법으로 새기는 방식을 보여 주고 있는데, 이것은 상감청자가 본격적으로 유행하기 전에 한 면에만 상감기법을 사용한 순청자 양식과 상감청자와의 혼합 양식을 보여주는 유일한 유물로 가치가 있다.

분류	유물 / 생활공예
	토도자공예 / 청자
수량/면적	1점
소재지	서울시 용산구
	서빙고로 137
시대	고려
소유	국유
관리	국립중앙박물관

국보 제271호
초조본 현양성교론 권12

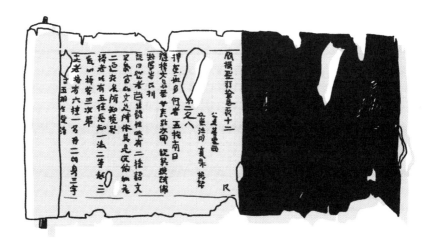

인도 무착 보살이 지은 글을 당나라 현장이 번역하여 천자문의 순서대로 20권을 수록한 책으로, 고려대장경 가운데 처음 만든 본의 하나이다. 「현양성교론」은 줄여서 「현양론」이라고 하며, 또는 「광포중의론」이라고도 하는데 법상종의 논 가운데 하나로 『유가사지론』에서 중요한 내용을 드러내기 위해 쓰인 것이다. 20권 가운데 제12권이며, 전체 11품 가운데 섭정의품 제이지팔로 후반부에 해당하며, 처음 새긴 본이다. 크기는 가로 45.8㎝, 세로 28.6㎝이고, 종이 질은 닥나무 종이이다.

초조대장경의 원래 모습을 살필 수 있는 귀중한 자료라고 할 수 있다.

분류	기록유산 / 전적류 목판본 / 대장도감본
수량/면적	1권1축
소재지	서울시 용산구 서빙고로 137
시대	고려
소유	국유
관리	국립중앙박물관

국보 제272호
초조본 유가사지론 권 32

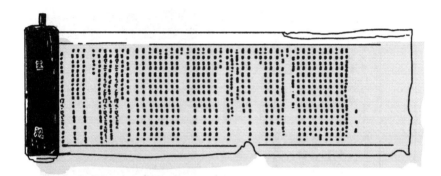

「유가사지론」은 인도의 미륵보살이 지은 글을 당나라의 현장 (602~664)이 번역하여 천자문의 순서대로 100권을 수록한 것으로, 11세기에 간행한 초조대장경 가운데 하나이다. 이것은 100권 가운데 제32권으로, 처음 새긴 본이다. 종이 질은 닥나무 종이이고 크기가 가로 44.8㎝, 세로 28.8㎝이다.

이 판본은 해인사에서 보관하고 있는 재조 대장경 판본과 비교해 보면 판수제와 권, 장, 함차 표시의 위치가 다르다. 장차 표시가 처음 새긴 본에는 '장'으로 되어있으나, 다시 새긴 본에는 '장'으로 되어있고, 처음 새긴 본에는 권말의 간기가 생략되어 있으나, 다시 새긴 본에는 있다. 또한 처음 새긴 본에는 빠진 획이 나타나는데, 다시 새긴 본에서는 찾아볼 수 없다.

분류	기록유산 / 전적류 목판본 / 대장도감본
수량/면적	1권1축
소재지	서울시 용산구 서빙고로 137
시대	고려
소유	국유
관리	국립중앙박물관

국보 제273호
초조본 유가사지론 권 15

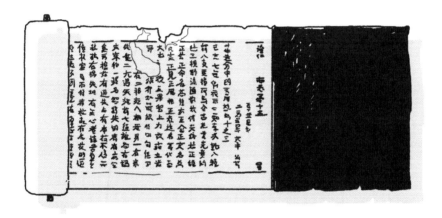

「유가사지론」은 인도의 미륵보살이 지은 글을 당나라의 현장
(602~664)이 번역하여 천자문의 순서대로 100권을 수록한 것
으로, 11세기에 간행한 초조대장경 가운데 하나이다. 이것은 100권
가운데 제15권으로, 처음 새긴 본이다. 종이 질은 닥나무 종이이
며, 가로 47.6㎝, 세로 28.6㎝이다.
이 판본은 해인사에서 보관하고 있는 재조 대장경 판본과 비교해
보면 판수제와 권, 장, 함차 표시의 위치에 차이가 있다.

분류	기록유산 / 전적류 목판본 / 대장도감본
수량/면적	1권1축
소재지	서울시 용산구 서빙고로 137
시대	고려
소유	국유
관리	국립중앙박물관

국보 제280호
성거산 천흥사명 동종

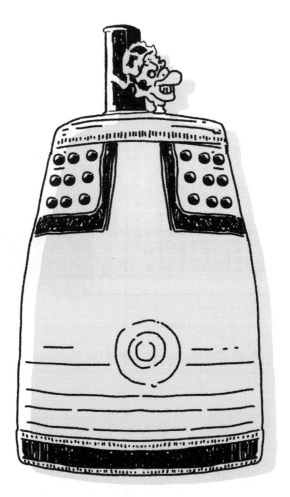

분류	유물 / 불교공예
	의식법구 / 의식법구
수량/면적	1구
소재지	서울시 용산구
	서빙고로 137
시대	고려
소유	국유
관리	국립중앙박물관

국내에 남아있는 고려 시대 종 가운데 가장 큰 종으로서 종의 높이 1.33m, 종의 구경은 입구 0.96m이다.

종 위에는 종의 고리 역할을 하는 용뉴가 여의주를 물고 있는 용의 모습으로 표현되었는데, 신라 종의 용보다 고개를 들어 올린 모습을 하고 있다. 용뉴 뒤에 붙은 음통은 대나무 모양이며, 편평한 부분인 천판 가장자리에는 연꽃무늬를 돌렸다. 몸체의 아래와 위에는 구슬무늬로 테두리를 한 너비 10㎝ 정도의 띠를 두르고, 꽃과 덩굴로 안을 채워 넣었다.

위에 두른 띠 바로 아래로는 4곳에 사각형의 연곽을 만들고 그 안에 가운데가 도드라진 9개의 연꽃을 새겼다. 연곽 아래에는 종을 치는 부분인 당좌를 원형으로 2곳에 두었고, 구슬로 테두리하고 연꽃으로 장식하였다. 당좌 사이에는 2구의 비천상을 두었는데, 1구씩 대각선상에 배치하여 신라종과는 다른 모습을 하고 있다.

통화 28년인 고려 현종 원년(1010)에 성거산 천흥사용으로 만들어진 종임을 알 수 있다.

현재 국내에 남아있는 신라 상원사 동종(국보 제36호), 성덕대왕신종(국보 제29호) 다음으로 크기가 크면서도 제작 기법이나 양식이 고려 범종을 대표하는 종이라 할 수 있다.

보물 제2호
옛 보신각 동종

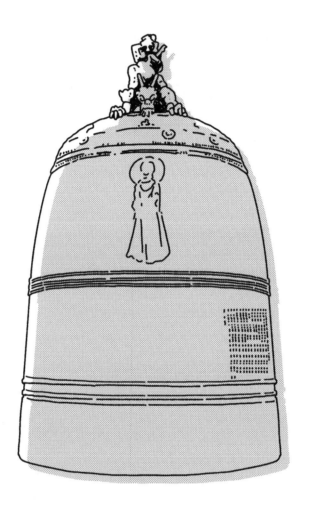

분류	유물 / 불교공예
	의식법구 / 의식법구
수량/면적	1구
소재지	서울시 용산구
	서빙고로 137
시대	조선
소유	국유
관리	국립중앙박물관

조선시대 만들어진 종으로, 1985년까지 서울 종로 보신각에서 제 야의 종을 칠 때 사용되었다.

조선 세조 14년(1468) 만들어 신덕왕후 정릉 안에 있는 정릉사에 있었으나, 그 절이 없어지면서 원각사로 옮겨졌고 임진왜란 이후 종루에 보관했다. 고종 32년(1895) 종루에 보신각이라는 현판을 걸게 되면서 보신각 종이라고 불렀다. 현재는 국립중앙박물관 경 내에서 보관 중이다.

총 높이 3.18m, 입 지름 2.28m, 무게 19.66톤의 큰 종이며, 전형 적인 조선 초기의 종 형태를 하고 있다. 음통이 없고 2마리 용이 종의 고리 역할을 하고 있다. 어깨 부분에서 중간까지 완만한 곡 선을 이루다가 중간 지점부터 입구 부분까지 직선으로 되어 있 다. 몸통에는 3줄의 굵은 띠를, 종 입구 위로는 일정한 간격으로 2줄의 띠를 두르고 있고, 종의 연대를 알 수 있는 긴 문장의 글이 있다. 특히 종신 몸체 상면에는 보살 입상이 새겨졌던 흔적을 볼 수 있어 사찰의 종을 옮긴 후 인위적으로 이 부분을 삭제했던 것 으로 추정된다.

이 종은 2번의 화재를 겪으면서 원형에 손상을 입고, 음향도 다소 변했으나 명문이 남아있어 주조 연대를 확실히 알 수 있는 귀중 한 조선시대 왕실 발원 종의 자료이다.

보물 제166호
서울 홍제동 오층석탑

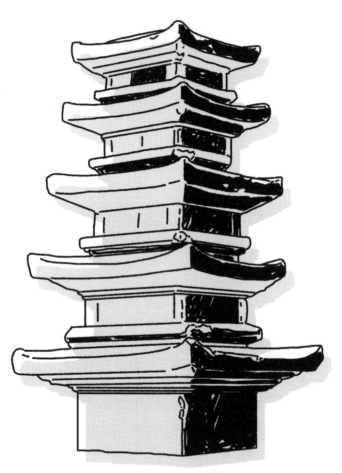

분류	유적건조물 / 종교신앙
	불교 / 탑
수량/면적	1기
소재지	서울시 용산구
	서빙고로 137
시대	고려
소유	국유
관리	국립중앙박물관

사현사의 옛 터에 있던 탑으로, 시가지 확장을 하면서 1970년 경복궁으로 옮겨 왔다. 현재는 국립중앙박물관에 옮겨 놓았다.

탑은 자연석이 기단을 대신하여 5층의 탑신을 받치고 있는데 이것은 후대에 보수한 것으로 보인다.

탑신은 몸돌과 지붕돌이 각각 한 돌로 되어있다. 1층 몸돌에는 아무 장식이 없고, 2층 이상은 기둥 모양을 새겨 한 면을 둘로 나누고 그곳에 문짝으로 보이는 네모난 액자형을 표시하였다. 각 층의 몸돌은 전체적으로 위가 좁고 아래는 넓어 목조건축을 모방하려 한 의도가 엿보인다. 지붕돌은 넓고 얇은 편이나 육중해 보이고, 두꺼워 보이는 처마는 수평으로 펼쳐지다가 양 끝으로 치켜 오르면서 더욱 두꺼워졌다.

현재 기단부가 결실되어 안정감이 없는 것처럼 보이나, 전체적으로 중후하면서 경쾌함과 안정성을 겸하고 있다. 세워진 연대에 대해서는 안성 칠장사 혜소국사비(보물 제488호)의 비문에 의하여 이 절이 고려 정종 12년(1045)에 창건된 것임을 알 수 있어서, 이 탑도 절을 창건할 당시에 만들어진 것으로 보인다.

보물 제190호
원주 거돈사지 원공국사탑

분류	유적건조물 / 종교신앙
	불교 / 탑
수량/면적	1기
소재지	서울시 용산구
	서빙고로 137
시대	고려
소유	국유
관리	국립중앙박물관

거돈사터에 남아 있던 고려 전기의 승려 원공국사의 사리탑으로, 일제 강점기에 일본 사람의 집에 소장되고 있던 것을 1948년 경 복궁으로 옮겨 왔으며, 현재는 국립중앙박물관 경내에 있다.

현재 탑은 바닥돌이 없이 바로 기단이 시작되고 있다. 세 개의 받침돌로 이루어진 기단은 각 부분이 8각으로, 아래 받침돌은 각 면마다 안상을 새긴 후, 그 안에 꽃 모양의 무늬를 두었다. 가운데 받침돌은 아래·위에 테를 돌리고 안상 안에 8부 신중을 새겼다. 위 받침돌에는 활짝 핀 연꽃잎을 2중으로 돌려 새겼다. 8각을 이루고 있는 탑신의 몸돌은 모서리마다 기둥 모양의 조각을 두었는데 여덟 곳의 기둥마다 꽃무늬가 장식되어 있다. 각 면에는 앞뒤 양면에 문 모양과 자물쇠 모양을, 좌·우 양 면에는 창문 모양을, 그리고 남은 네 면에는 4천왕 입상을 새겼다. 지붕돌 역시 8각으로 몸돌과 닿는 곳에 4단의 받침을 표현하고, 그 위에 서까래를 모방하여 새겼다. 처마는 얇고, 여덟 귀퉁이에는 치켜 올림이 뚜렷하며, 낙수면에 새겨진 기왓골 조각은 처마에 이르러 막새기와의 모양까지 표현해 놓아 목조 건축의 지붕 모습을 충실히 본떴다. 꼭대기에는 8각형의 보개(지붕 모양의 장식)가 얹혀 있다.

탑비의 건립은 '태평을축추칠월'로 되어 있는데, 이는 고려 현종 16년(1025)에 해당하므로 이 사리탑도 그때 제작된 것으로 추정된다. 고려 전기의 대표적인 8각 사리탑으로, 모양이 단정하고 아담한 통일신라 탑의 양식을 이어받아 조형의 비례가 좋고 중후한 품격을 풍기며, 전체에 흐르는 조각이 장엄하여 한층 화려하게 보인다.

보물 제240호
백자 청화투각모란당초문 항아리

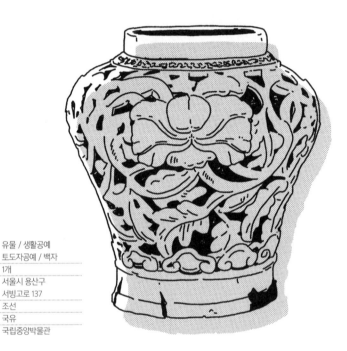

분류	유물 / 생활공예
	토도자공예 / 백자
수량/면적	1개
소재지	서울시 용산구
	서빙고로 137
시대	조선
소유	국유
관리	국립중앙박물관

백자 청화투각모란당초문 항아리는 조선시대 몸체를 뚫을 새김한 높이 26.7㎝, 아가리 지름 14.25㎝
의 백자 항아리이다.

반듯한 아가리에 어깨에서부터 급히 벌어졌다가 서서히 좁아진 모습으로 내·외의 이중구조로 되어
있다. 안쪽 항아리는 문양이 없으며, 바깥 항아리는 표면을 뚫어서 조각하는 기법으로, 몸체 전면에
활짝 핀 모란과 줄기와 잎을 표현하였다. 어깨 부분에는 청화로 덩굴무늬를, 허리 밑 부분에는 꽃무
늬 띠를 도들 새김하였다. 원래 꽃병으로 만들었던 것으로 보이며, 바깥 항아리는 일반적인 조선 항
아리가 지니는 전형적인 곡선이 있다. 항아리 전체에 새긴 모란꽃은 사실적으로 표현되었다. 전체 형
태는 대범하면서도 은근한 세련미를 풍긴다. 유약은 담청을 머금은 백자유로, 18세기 후반부터 시작
되는 경기도 광주에 있는 가마에서 생산된 것으로 추정된다. 필통들에 다양하게 뚫을 새김한 모란 무
늬나 물결무늬들로 미루어 18세기 후반의 작품으로 짐작된다.

보물 제269-4호
감지은니묘법연화경 권 7

감지은니묘법연화경 권 7은 구마라집이 한역한 묘법연화경을 저
본으로 1422년(세종 4)에 비구 덕명이 어머니의 극락왕생을 위
해 발원하여 감지에 은니로 쓴 7첩 중 '권 3'과 '권 7'의 2첩에 해
당된다.

표지에는 보상화문 네 송이가 장식되어 있으며, 화문은 금니로,
화경은 주로 은니로 그려져 있다. 권수에는 금니로 변상도를 그
리고 변상도 다음에 권두 서명과 구마라집의 역자 표시가 보인
다. 서체는 사경체의 특징인 조맹부체로 썼다.

사경의 후면에는 묵서와 주서의 '광덕사' 사찰명이 쓰여 있다. 이
로 보아 이 사경은 천안의 광덕사에서 사성 되었거나 혹은 복장
되었을 것으로 추정된다. 후면에 '광덕사'라는 사찰명이 주서 되
어 있고 이 사경과 크기, 체제, 경문의 글씨가 동일한 사경으로 보
물 제269호 "감지은니 묘법연화경 권 1"과 보물 제390호 "광덕
사 고려사 경" 중 '감지은니 묘법연화경 권 2·4·5·6'이 있다. 기
존에 지정되어 있는 것에 동아대학교 소장본인 권3과 국립중앙
박물관 소장본인 권7을 합하면 완벽한 "1질"을 이루게 되며, 이는
전래된 사경 가운데 전질이 밝혀진 것이 드문 예로써 더욱 큰 의
미를 지닌다.

분류	기록유산 / 전적류 필사본 / 사경
수량/면적	1권1첩
소재지	서울시 용산구 서빙고로 137
시대	조선
소유	국유
관리	국립중앙박물관

보물 제270호
감지금니묘법연화경 권 6

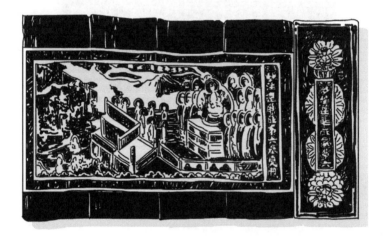

묘법연화경은 줄여서 '법화경'이라고 부르기도 하는데, 우리나라 천태종의 근본 경전으로 부처가 되는 길이 누구에게나 열려 있다는 것을 기본 사상으로 하고 있다. 화엄경과 함께 우리나라 불교 사상의 확립에 크게 영향을 끼쳤으며, 우리나라에서 유통된 불교 경전 가운데 가장 많이 간행된 경전이다.

감지금니묘법연화경 권 6은 검푸른 종이에 금가루를 사용하여 불경을 옮겨 쓴 것으로, 묘법연화경 7권 가운데 권 제6에 해당한다. 병풍처럼 펼쳐서 볼 수 있는 형태이며, 접었을 때의 크기는 세로 34.8cm, 가로 10.6cm이다. 책의 끝부분에 있는 기록을 통해 고려 우왕 14년(1388)에 노유린의 시주로 만들었음을 알 수 있다. 표지 문양 및 글씨 등이 세련되지 못하여 전체적인 품격은 떨어지나 책의 끝부분에 간행 기록이 있어 만들어진 연대를 정확하게 알 수 있기 때문에 가치가 크다.

분류	기록유산 / 전적류 필사본 / 사경
수량/면적	1첩
소재지	서울시 용산구 서빙고로 137
시대	고려
소유	개인소장
관리	국립중앙박물관

보물 제282호
여주 고달사지
쌍사자 석등

분류	유적건조물 / 종교신앙
	불교 / 석등
수량/면적	1기
소재지	서울시 용산구
	서빙고로 137
시대	고려
소유	국유
관리	국립중앙박물관

직사각형의 바닥돌 4면에 둥글넓적한 모양의 안상을 새기고, 아래 받침돌 대신 2마리의 사자를 앉혀 놓았다. 사자는 좌우에서 앞발을 내밀고 웅크리고 있으며, 등 위로 구름이 솟아올라있다. 가운데 받침돌에는 구름무늬를 돋을 새김하였고, 위 받침돌에는 연꽃을 새겼다. 그 위에 놓인 화사석은 4면에 창을 뚫었다.

우리나라 쌍사자 석등의 사자는 서있는 자세가 대부분인데, 이 석등은 웅크리고 앉은 모습이 특징적이며, 조각 수법 등으로 보아 고려 전기인 10세기경에 만들어진 것으로 짐작된다.

보물 제328호
금동약사여래입상

분류	유물 / 불교조각
	금속조 / 불상
수량/면적	1구
소재지	서울시 용산구
	서빙고로 137
시대	통일신라
소유	국유
관리	국립중앙박물관

금동약사여래입상은 국립중앙박물관에 있는 높이 29㎝의 자그마한 금동불로, 광배와 대좌는 없어졌지만 비교적 잘 보존된 약사여래 입상이다. 약사여래는 모든 중생의 질병을 구제해준다는 의미를 지닌 부처로 손에 약합을 들고 있는 특징이 있다.

머리에는 작은 소라 모양의 머리칼을 붙여 놓았고 그 위로 상투 모양의 머리(육계)가 큼직하게 솟아 있다. 풍만한 얼굴은 미소 없이 근엄한 인상이며 눈·코·입의 선이 명확하고 치밀하여 세련된 조각미가 느껴진다. 두 귀는 어깨에 닿을 듯 길게 표현되었고, 목에는 3줄의 주름인 삼도가 뚜렷하다. 옷은 양 어깨에 걸쳐 입고 있는데, 지그재그형 옷 주름과 U자형 옷 주름이 표현되어 있다. 당당하고 건장한 신체는 두껍게 축 늘어진 옷으로 인해 다소 둔중해진 듯하다. 오른손은 허리 아래로 내려 엄지와 가운데 손가락을 맞대고 있고, 왼손에는 약 항아리를 들고 있다. 대좌는 없지만 불상을 대좌에 꽂았던 뾰족한 촉이 두 발 밑에 하나씩 남아 있으며, 불상 뒷면에는 주조할 때 뚫은 구멍 자국이 남아 있다. 높다란 머리 묶음과 얼굴 표정 등이 백률사 금동약사여래입상(국보 제28호)과 비슷하여 8세기 전후에 만들어진 작품으로 추정된다.

보물 제329호
부여 군수리 석조여래좌상

분류	유물 / 불교조각
	석조 / 불상
수량/면적	1구
소재지	서울시 용산구
	서빙고로 137
시대	삼국
소유	국유
관리	국립중앙박물관

부여 군수리 석조여래좌상은 1936년에 충청남도 부여 군수리의 백제 절터를 조사할 때 발견된 불상으로, 곱돌로 만들었으며 4각형의 높은 대좌 위에 앉아 있는 백제 특유의 불상이다.

민머리 위에는 상투 모양의 작은 머리(육계)가 솟아 있다. 네모난 얼굴은 두 볼에 웃음이 가득하고, 지그시 감은 눈, 넓은 코, 미소 띤 입 등에서 부드럽고 온화한 분위기를 물씬 풍긴다. 양 어깨에 걸쳐 입은 옷은 두꺼워 신체의 윤곽이 거의 드러나지 않으며, 어깨에서 무릎 위까지 길게 흘러내린 옷자락은 4각형의 대좌를 거의 덮고 있다. 이 옷자락의 표현은 부드러우면서도 탄력적이어서 사실성이 넘쳐난다. 가슴 부근에서는 U자형의 옷 주름을 표현하였고, 무릎 밑으로 흘러내린 옷자락은 좌우대칭의 Ω형 주름을 나타내고 있다. 두꺼운 옷자락에 싸여 몸의 윤곽이 드러나지 않는 점, 좁아진 어깨, 두 손을 배 앞에서 모아 깍지를 낀 단아한 손 모양 등에서 옛 수법을 잘 간직하고 있는 작품이다.

이 불상은 형식과 자세로 보아 4·5세기 중국 불상의 영향을 많이 받고 있으나 얼굴 모습이나 신체의 표현 등 세부 모습에서 백제화된 양식을 보여주고 있으며 완숙한 6세기 중엽 백제 불상의 특징을 갖고 있다.

보물 제331호
금동미륵보살반가사유상

분류	유물 / 불교조각
	금속조 / 보살상
수량/면적	1구
소재지	서울시 용산구
	서빙고로 137
시대	삼국
소유	국유
관리	국립중앙박물관

금동미륵보살반가사유상은 왼다리를 내리고 걸터앉아서 오른손을 들어 두 손가락을 살짝 뺨에 대고 생각하는 듯한 자세를 취하고 있는 미륵보살상이다. 긴 얼굴은 눈꼬리가 치켜 올라가고 미소가 없는 정적인 표정이다. 머리는 평평하게 표현되었고 그 위에 높은 상투 모양의 머리 묶음이 있다. 가늘고 긴 몸은 양 어깨와 양 팔에만 옷을 살짝 걸치고 있으며, 옷 주름은 단순하면서 매우 도식적으로 표현되었다. 목둘레의 2중으로 된 구슬 장식은 무거워 보이는데 가슴 앞으로 내려와 X자형으로 교차되고 있다. 대좌는 4각형의 대좌 위에 8각으로 된 받침을 놓고 그 위에 다시 연꽃이 새겨진 대좌가 놓여있는 모습인데, 보살상보다 크게 만들어져 전체적으로 안정된 느낌을 주고 있다. 4각형의 대좌에는 마름모꼴 문양이 1면에 2개씩 뚫려 있는데 대좌의 이런 모양은 우리나라 금동불에서는 보기 드문 예이다. 조각수법이 선과 면의 구분이 분명하고 잘 다듬어져 세련된 모습이며, 출토지가 분명하지 않지만 2중의 구슬 장식과 가운데가 솟아오른 연꽃의 형식 등으로 보아서 삼국시대 후기에 만들어진 작품으로 추정된다.

보물 제332호
하남 하사창동 철조석가여래좌상

분류	유물 / 불교조각
	금속조 / 불상
수량/면적	1구
소재지	서울시 용산구
	서빙고로 137
시대	고려
소유	국유
관리	국립중앙박물관

하남 하사창동 철조석가여래좌상은 경기도 광주군 동부면 하사창리의 절터에서 발견된 고려 시대의
철불 좌상이다.

얼굴은 둥글지만 치켜 올라간 눈, 꼭 다문 작은 입, 날카로운 코의 표현에서 관념적으로 변해가는 고
려 시대 불상의 특징을 엿볼 수 있다. 목에는 3줄의 주름인 삼도가 뚜렷하게 표시되어 있으나 가슴까
지 내려와 목의 한계를 명확히 구분 짓지 않고 있다. 오른쪽 어깨를 드러내고 왼쪽 어깨만 감싸고 있
는 옷에는 간결한 옷 주름이 표현되었다. 당당한 어깨와 두드러진 가슴은 석굴암 본존불의 양식을 이
어 받은 것이며, 날카로운 얼굴 인상과 간결한 옷 주름의 표현은 고려 초기 불상의 전형적인 표현 기
법이다. 통일신라 불상 양식을 충실히 계승한 고려 초기의 전형적인 작품임을 알 수 있다.

보물 제333호
금동보살입상

분류	유물 / 불교조각
	금속조 / 보살상
수량/면적	1구
소재지	서울시 용산구
	서빙고로 137
시대	삼국
소유	국유
관리	국립중앙박물관

금동보살입상은 삼국시대 보살상에서 나타나는 특징을 잘 보여주고 있는 높이 15.1cm의 조그만 작품이다.

머리에는 특이한 형태의 관을 쓰고 있으며, 몸에 비해 다소 긴 얼굴에는 잔잔한 미소가 번지고 있다. 체구는 자그마하지만 당당하고 강직해 보이며, 온몸을 감싸고 있는 옷 때문에 신체의 윤곽은 잘 드러나지 않는다. 옷은 좌우대칭을 이루면서 X자로 교차되며 날리듯 표현되어 힘이 넘친다. 손은 삼국시대 불상에서 유행하던 모습인데 몸에 비해 매우 크게 표현되었다. 왼손은 아래로 내려 새끼손가락과 네 번째 손가락을 구부렸고, 오른손은 위를 향해 손가락을 모두 펴고 있는 모습이다. 두 발 아래에는 역삼각형 모양의 둥근 대좌가 있는데, 여기에 긴 촉이 붙어 있어 아래 대좌에 꽂을 수 있도록 되어있지만 아래 대좌는 없어졌다.

대좌와 광배가 없어졌지만 거의 완전한 모습으로 남아 있는 불상으로, 손 모양, X자로 교차된 옷자락 등이 삼국시대 보살상의 특징을 잘 보여주고 있다.

보물 제338호
금령총금관

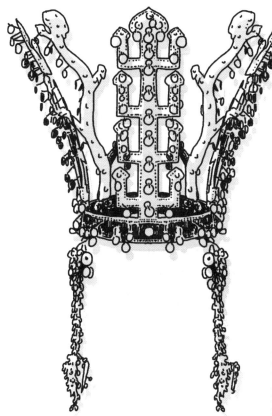

분류	유물 / 생활공예
	금속공예 / 장신구
수량/면적	1구
소재지	서울시 용산구
	서빙고로 137
시대	신라
소유	국유
관리	국립중앙박물관

금령총금관은 지금까지 발견된 금관 중에서는 가장 작으면서도 단순한 형식으로, 높이 27㎝, 지름 15㎝의 금관이다.

중앙 정면과 그 좌우에 산 모양 장식을 4단으로 연결하고 가지 끝은 꽃봉오리 형으로 마무리했다. 산 모양 장식의 좌우에는 사슴뿔 장식 가지 2개를 붙였다. 관 테와 5개의 가지에는 모두 같은 장식이 되어 있다. 표면 아래·위에 두 줄로 된 점 무늬를 찍고, 그 사이에 나뭇잎 모양의 원판을 달아 장식했다. 관 테의 좌우에는 귀고리 형태의 드리개(장식)를 달았다. 이 금관은 다른 금관에서 볼 수 있는 옥 장식이 없고, 금으로만 이루어진 점이 특징적이다.

보물 제340호
청자 철채퇴화삼엽문 매병

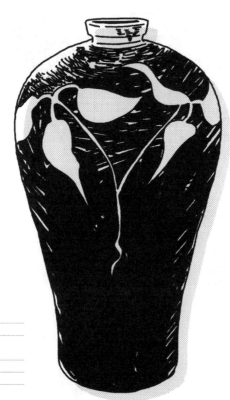

분류	유물
수량/면적	1개
소재지	서울시 용산구 서빙고로 137
시대	고려
소유	국유
관리	국립중앙박물관

청자 철채퇴화삼엽문 매병은 고려 시대 만들어진 매병으로 높이 27.5㎝, 아가리 지름 5㎝, 밑지름 9.5㎝이다. 목이 짧고 각진 아가리를 가졌는데, 목에서 어깨와 몸체에 이르는 선이 과장되지 않았고, 몸체에서 밑 부분까지 홀쭉해지면서 거의 직선에 가깝게 내려오고 있다. 청자에 사용되는 바탕흙 위에 철사 안료를 칠하고(철채), 무늬 부분만 얇게 파낸 뒤 그 위에 흰색 분장토로 무늬를 그렸다. 이처럼 철채에 흰 그림을 그린 경우는 드물다. 거의 검은색에 가까운 철채의 색과 풍만하고, 아름다운 어깨와 몸통 부분에 흰색 삼 잎을 단순하고 소박하게 그려, 대비와 조화를 잘 이루고 있다. 이러한 철채 자기는 그 수가 매우 적으며, 가마 또한 분명하지 않다. 다만 강진 대구면 가마에서 채집되고 있어, 그 곳에서 일반 청자와 동시에 생산 된듯 보인다.

보물 제342호
청자 음각모란 상감보자기문 유개매병

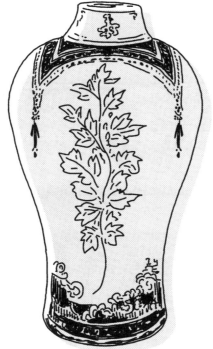

분류	유물 / 생활공예
	토도자공예 / 청자
수량/면적	1개
소재지	서울시 용산구
	서빙고로 137
시대	고려
소유	국유
관리	국립중앙박물관

청자 음각모란 상감보자기문 유개매병은 고려 시대 만들어진 매병으로 높이 35.4㎝, 지름 22.1㎝이다. 넓은 아가리 언저리에 부드러운 S자형의 옆선을 이루고 있다. 장식이 많은 것 같으나, 전체 모습은 단순하다. 특히 상감 장식을 꼭대기에만 두고 음각문을 몸체와 그 아랫부분에 두어, 전체적인 의장을 둘로 나누고 있다. 항아리의 어깨가 풍만하며 아가리 언저리에 국화 덩굴무늬를 흑백 상감하였다. 정사각형의 비단 보자기를 어깨에 늘어뜨린 듯한 장식이 돋보이며, 연이은 구슬 무늬가 은근한 화려함을 느끼게 한다. 몸통에는 4면에 한 가지의 모란꽃과 모란 잎이 음각되어 있고, 허리 아래로는 물결의 분위기를 가지는 구름무늬를 새겨 넣었다. 병의 아가리에 백 상감의 번개무늬 띠를 두르고, 굽다리 가장자리에도 음각의 번개무늬 띠를 장식하였다. 바탕흙은 비교적 곱고 깨끗하며, 전면에 미세한 빙렬이 있고 청회색의 광택을 낸다. 모란 무늬가 세워져 표현되어 있는 점도 독특하다. 이러한 음각과 상감을 병행한 기법은, 전라북도 부안군 보안면 유천리 청자 가마에서 나오는 파편에서 볼 수 있다.

보물 제343호
부여 외리 문양전 일괄

분류	유물 / 생활공예
	토도자공예 / 와전
수량/면적	8매
소재지	서울시 용산구
	서빙고로 137
시대	백제
소유	국립중앙박물관
관리	국립중앙박물관

부여 외리 문양전 일괄은 충청남도 부여군 규암면 외리에 있는
옛 절터에서 출토된, 다양한 문양과 형상을 새긴 후 구워서 만든
백제 때 벽돌(전)이다.
산수문전, 산수봉황문전, 산수귀문전, 연대귀문전, 반용문전, 봉
황문전, 와운문전, 연화문전으로 8매의 벽돌이다. 이 벽돌은 정사
각형에 가까우며, 한 변이 29㎝내외, 두께 4㎝로, 네모서리에는
각기 홈이 파여 있어 각 벽돌을 연결하여 바닥에 깔 수 있도록 제
작되었다.

산수문전은 상단의 상서로운 구름 아래로 3개의 봉우리로 이루
어진 산이 있고, 하단에는 물이 있다. 전체적으로 배열이 규칙적
이며 좌우가 대칭을 이루는 균형 잡힌 구도로, 서정적인 분위기
를 자아낸다.
산수봉황문전은 구름과 봉황이 있는 벽돌로 상단에 삼산형 봉우
리가 솟아있고, 하단에는 산수풍경을 새겼다. 산수귀문전은 산수
를 배경으로 상단에 물결무늬의 구름 위에 둥근 바위를 딛고 서
있는 도깨비 무늬인 반면, 연대귀문전은 연꽃 모양으로 만든 대
좌 위에 도깨비가 서있다.
반용문전은 구슬을 꿰어서 이은 타원형의 띠 안에 S자 모양의 용
이 새겨져 있다. 봉황문전은 원안에 우아한 자태의 봉황 한 마리
를 배치한 모습이다. 와운문전은 연꽃 무늬의 작은 원심을 만들
고, 이를 중심으로 8개의 와운문이 원을 이루고 있다. 연화문전은
구슬을 이은 타원형에 연봉 무늬가 있고, 원 중심의 씨방이 크며
이를 중심으로 10개의 꽃잎이 있다. 꽃잎마다 덩굴무늬를 새겨놓
았다.

이 벽돌은 성격이나 만든 방법이 중국 남조의 영향을 받았으며,
일본 오사카에서 출토된 봉황문전 등에 영향을 주었다. 문양전의
모습은 백제 시대 회화를 짐작하게 하는 중요한 자료이다.

보물 제344호
청자 양각갈대기러기문 정병

분류	유물 / 생활공예
	토도자공예 / 청자
수량/면적	1개
소재지	서울시 용산구
	서빙고로 137
시대	고려
소유	국유
관리	국립중앙박물관

청자 양각갈대기러기문 정병은 고려 중기에 만들어진 청자 정병으로 높이 34.2㎝, 아가리 지름 1.3㎝, 밑지름 9.3㎝이다.

몸통의 한 면에는 물가의 갈대와 그 밑에서 노닐고 있는 기러기 한 쌍을 새겼고, 다른 한 면에는 수양버들 아래서 쉬고 있는 원앙 한 쌍을 새겼다. 병 목의 중간에 있는 넓은 삿갓 모양 마디의 윗면은 안쪽과 바깥쪽으로 나누어 안쪽에는 구름무늬를, 바깥쪽에는 덩굴무늬를 둘렀다. 병 목 중간 마디에 수직으로 물을 따르는 주구가 세워져 있는데, 6각으로 모서리를 깎아냈다. 굽다리는 밖으로 약간 퍼져서 안정된 자세를 보인다. 유약의 색깔은 맑은 담청색 계통이며, 대체로 유약의 조화가 고르다.

이 정병은 고려 시대에 들어서 그 조형과 기교가 매우 세련되었던, 청동은입사포류수금문정병(국보 제92호) 양식을 청자 양각으로 재료를 바꾸어 시도한 작품이다. 따라서 청동 정병과 형태와 곡선에서 흡사하며, 장식 무늬도 비슷하다.

보물 제345호
백자 상감모란문 매병

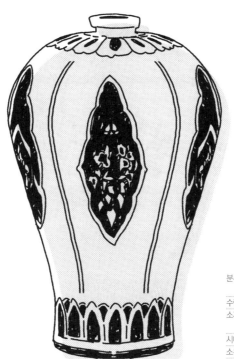

분류	유물 / 생활공예
	토도자공예 / 백자
수량/면적	1개
소재지	서울시 용산구
	서빙고로 137
시대	고려
소유	국유
관리	국립중앙박물관

백자 상감모란문 매병은 고려 시대 만들어진 백자 매병으로 높이 29.2㎝, 몸 지름 18.7㎝이다.

각 있게 세워진 두툼한 아가리와 팽배한 어깨선은 몸체를 지나 밑 부분까지 사선으로 줄어들어, 중국 북송의 영향을 받은 듯하다. 몸체는 참외 모양으로 6등분 해서 세로로 골을 만들었으며, 각 면에는 마름모 모양의 선을 상감으로 처리하였다. 그 안에는 청자 태토로 메꾸고 붉은색 자토와 흰색 백토로 모란, 갈대, 버들이 늘어져 있는 그늘에서 물새가 거니는 모습, 연꽃 등을 상감 처리하였다. 아가리 가장자리와 굽 둘레는 연꽃 잎을 도드라지게 돌렸고, 다시 청자 태토로 상감하여 백자에 청자 태토를 적절히 이용한 특이한 문양 효과를 내었다.

고려청자와 백자를 하나로 혼합하여 완성한 희귀한 도자기로, 전례를 찾아볼 수 없는 중요한 작품이다.

보물 제346호
청자 상감동채모란문 매병

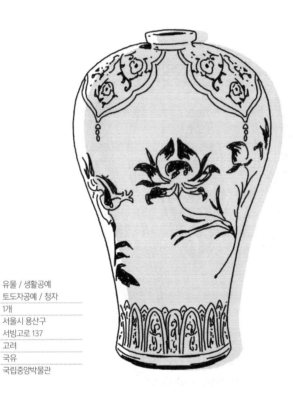

분류	유물 / 생활공예
	토도자공예 / 청자
수량/면적	1개
소재지	서울시 용산구
	서빙고로 137
시대	고려
소유	국유
관리	국립중앙박물관

청자 상감동채모란문 매병은 고려 중기에 만들어진 청자 상감 매병으로 높이 34.6㎝, 아가리 지름 5.6㎝, 밑지름 13.5㎝이다.

붉은색 안료인 진사를 사용하여 주된 문양인 모란을 상감 처리했다. 어깨가 풍만하고 허리의 곡선이 매끄러우며, 작은 아가리가 매우 기품 있게 마무리되었고, 4엽의 연꽃 테두리 안에 국화와 덩굴을 흑백 상감하였다. 몸통의 3면에는 모란을 크게 흑백 상감한 후 모란 꽃잎 끝에 붉은 안료를 상감해 넣었다. 굽다리 둘레에는 번개무늬를 연이어 둘렀고, 그 위로는 백상감으로 연꽃잎 모양의 테두리를 만들고, 꽃잎 안에 흑상감으로 풀을 장식해 넣었다.

이와 같이 전체를 3부분으로 나누고, 밑 부분에 연꽃잎으로 띠를 두르는 형식은 12세기 전반 순청자 매병에서 보이는 특징이다. 특히 모란 꽃잎 끝에 붉은색 안료를 사용하여, 춤추는 듯한 생기를 더해주고 있다.

보물 제347호
분청사기 상감어문 매병

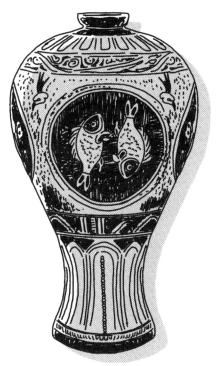

분류	유물 / 생활공예
	토도자공예 / 청자
수량/면적	1개
소재지	서울시 용산구
	서빙고로 137
시대	조선
소유	국유
관리	국립중앙박물관

분청사기 상감어문 매병은 조선 전기에 제작된 청자 매병으로 높이 30.0㎝, 아가리 지름 4.6㎝, 밑지름10.4㎝이다. 고려 때 유행하던 매병은 조선시대 백자에서는 전혀 찾아볼 수 없고, 분청사기로 그 맥이 이어지는데, 이 청자도 분청사기로 옮겨가는 과도기적 모습을 보여주고 있다.

아가리가 도톰하여 청자 전성기 때 모습을 하고 있으나, 문양이 복잡하고 구슬 무늬와 변형된 구름, 연꽃무늬 등 분청사기에서 볼 수 있는 문양들이 사용되었다. 몸통의 4면에는 구슬 무늬와 2겹으로 동심원을 그렸고, 그 안에 2마리의 물고기를 각각 흑백 상감하고 물결을 흑상감으로 처리했다. 동심원 밖으로는 점을 가득 찍어 채웠다. 위쪽으로 4곳에는 흑백 상감으로 나는 학을, 허리 부위에는 꽃과 풀을 추상화하고, 그 아래 연꽃을 그렸다. 병 아가리 둘레에는 흑백 상감으로 꽃잎을 간략하게 표현했고, 그 아래에는 덩굴로 띠를 둘렀다. 담청색을 띤 청자 유액에 가까운 유약을 사용하여 유약에서도 과도기적 모습을 볼 수 있다.

보물 제358호
원주 영전사지 보제존자탑

분류	유적건조물 / 종교신앙
	불교 / 탑
수량/면적	2기
소재지	서울시 용산구
	서빙고로 137
시대	고려
소유	국유
관리	국립중앙박물관

고려 후기의 승려인 보제존자의 사리탑으로, 모두 2기이다. 1915년, 일본인에 의해 국립중앙박물관으로 옮겨 세워졌는데, 보통 승려의 사리탑과는 달리 석탑 형식을 취하고 있다.

보제존자(1320~1376)는 여주 신륵사에서 입적한 나옹화상으로, 신륵사에 그의 사리탑이 남아 있으나 제자들에 의해 영전사에도 따로 사리탑을 세운 것이다.

2단의 기단 위에 3층의 탑신을 올린 모습이다. 기단은 위·아래층 모두 모서리에 기둥 조각을 새겼고, 위층 기단 윗면에는 탑신을 받치기 위한 돌을 따로 끼웠다. 탑신은 몸돌과 지붕돌이 각각 하나의 돌로 이루어져 있으며, 몸돌에는 모서리마다 기둥 조각이 있다. 지붕돌은 밑면의 받침이 4단씩이다. 2기 가운데 1기의 1층 지붕돌은 양식상 차이가 있어 원래 이 탑에 속하였던 것인지 의심스럽다. 탑의 꼭대기에 있는 머리장식은 2기 모두 완전하게 남아있지는 않다.

고려 우왕 14년(1388)에 세운 것으로, 승려의 묘탑으로서는 매우 이례적이며, 더욱이 거의 같은 양식으로 2기를 건립하였다는 점도 특이한 예이다. 탑을 지금의 자리로 옮길 당시에 각각의 탑에서 사리를 두는 장치가 발견되었는데, 그 중 한 탑에서는 죽은 사람에 관해 새긴 지석이 발견되어 이 탑을 세우게 된 과정을 알 수 있게 되었다. 이 탑은 전체적으로 짜임새가 훌륭하고 균형을 이루고 있다.

보물 제359호
충주 정토사지 홍법국사탑비

분류	기록유산 / 서각류
	금석각류 / 비
수량/면적	1기
소재지	서울시 용산구
	서빙고로 137
시대	조선
소유	국유
관리	국립중앙박물관

정토사는 충청북도 충주시 동량면 하천리 개천산에 있었던 절로, 통일신라 말에서 고려 초 사이에 세워진 것으로 추정된다. 고려를 세운 태조로부터 국사의 예우를 받았던 법경대사 현휘가 주지 스님으로 있다가, 그의 뒤를 이어 홍법국사가 제자들을 지도하였던 대사찰이다.

홍법국사의 탑비로 원래 정토사 터에 남아있던 것을 1915년에 홍법국사 실상탑과 함께 경복궁으로 옮겨 왔으며, 현재는 국립중앙박물관 경내에 있다. 홍법국사는 통일신라 신덕 왕대에 태어나 12살의 나이에 출가하였고, 당나라를 다녀온 뒤 선을 크게 일으켰다. 그 후 정토사에 머물다 입적하자, 고려 목종은 '자등'이라는 탑명을 내려 손몽주에게 비의 글을 짓도록 하였다.

비는 거북 받침돌 위로 비몸을 세우고 머릿돌을 얹은 모습이다. 받침돌의 거북 머리는 용의 머리로 바뀌어있는데, 통일신라 후기에서 고려 전기에 나타나는 양식적 특징이다. 용의 표현은 다른 탑비의 받침돌에 비하여 구체적이고 힘차다. 또한 머릿돌에도 용틀임 조각을 하였는데 그 수법이 주목할 만하다.

비 앞면에는 대사의 행적이, 뒷면에는 제자들의 이름이 기록되어 있으나, 편마암인 비의 표면이 많이 깎여서 알아보기 어렵다. 글씨는 구양순체의 해서로 글의 짜임새가 잘 정리되어 있다. 현종 8년(1017)에 건립되었다.

보물 제360호
제천 월광사지 원랑선사탑비

분류	기록유산 / 서각류
	금석각류 / 비
수량/면적	1기
소재지	서울시 용산구
	서빙고로 137
시대	통일신라
소유	국유
관리	국립중앙박물관

충청북도 제천군 한수면 동창리 월광사 터에 전해오던 탑비로, 1922년 경복궁으로 옮겨 왔으며, 현재는 국립중앙박물관 경내에 있다. 통일신라 후기의 승려인 원랑 선사(?~866)의 행적을 기록한 탑비이다.

원랑 선사는 문성왕 18년(856) 당나라에 유학하여 11년간 명산을 두루 돌아다니다 귀국한 뒤 월광사에 머물렀다. 68세로 입적하자 헌강왕이 '대보 광선'이라는 탑명을 내려, 김영에게 비에 새길 글을 짓게 하였다. 글씨는 구양순체의 해서체로 순몽이 쓴 것이다.

비는 거북 받침돌 위로 비몸을 세우고 머릿돌을 얹은 모습이다. 거북 받침은 네 발이 몹시 작고 짧은 목과 머리를 꼿꼿이 세우고 있는데, 이는 통일신라 후기에 나타나는 형식화된 조형이다. 머릿돌에 새긴 조각은 매우 사실적이다.

전체적으로 탑비의 머리·몸·받침 각 부분의 비례감이 훌륭한 비로소, 단아하면서도 안정된 느낌을 준다. 탑비는 원랑 선사가 돌아가신 후 진성여왕 4년(890)에 세워졌다.

보물 제361호
양평 보리사지 대경대사탑비

분류	기록유산 / 서각류
	금석각류 / 비
수량/면적	1기
소재지	서울시 용산구
	서빙고로 137
시대	조선
소유	국유
관리	국립중앙박물관

통일신라 말에서 고려 초에 활약한 승려인 대경 대사의 탑비로, 보리사터에서 발견되어 경복궁으로 옮겨졌다가, 현재는 국립중앙박물관 경내에 있다.

대경 대사는 9세에 출가하여 교종을 배웠으나, 나중에는 선을 연구하였다. 당나라에서 유학하고 돌아와 경순왕의 스승이 되었으며, 고려 태조는 그를 존중하여 보리사의 주지로 머물게 하였다. 69세에 이 절에서 입적하니 태조는 시호를 '대경', 탑 이름을 '현기'라고 내렸다.

비는 여의주를 물고 일어선 납작한 돌거북 받침과, 거대한 비 머릿돌이 서로 조화를 이루지 못해 균형을 잃고 있다. 그러나 머릿돌에 새겨진 구름과 용의 무늬가 매우 힘차게 조각되어 눈여겨볼 만하다.

비문에는 대사의 생애, 공적 등이 새겨져 있는데, 당시의 문장가였던 최언위가 글을 짓고, 이환추가 글씨를 썼으며, 대사의 제자인 최문윤이 글씨를 새겼다. 글씨에는 획의 모서리를 날카롭게 살린 데서 오는 강인함이 묻어나는데, 고려 전기의 특징이 잘 담겨 있는 부분이다.

보물 제362호
창원 봉림사지 진경대사탑

분류	유적건조물 / 종교신앙
	불교 / 탑
수량/면적	1기
소재지	서울시 용산구
	서빙고로 137
시대	통일신라
소유	국유
관리	국립중앙박물관

통일신라 후기의 승려인 진경대사의 사리탑으로, 탑비와 함께 봉림사터에 있던 것을 1919년 경복궁으로 옮긴 것이다. 현재 국립중앙박물관에 옮겨져 있다. 전형적인 8각 부도이지만 표면의 조각은 적은 편이어서 재료의 빛깔과 아울러 청초한 느낌을 준다.

8각의 바닥돌 위에 있는 기단의 아래 받침돌 또한 8각으로, 옆면에는 안상이 새겨져 있는데, 특히 무늬의 바닥선이 불꽃 모양으로 솟아올라 시대적인 특징을 보이고 있다. 가운데 받침돌은 북 모양으로 중앙의 곳곳에 꽃송이를 새긴 후 이를 도드라진 띠 장식으로 연결했다. 위 받침돌에는 연꽃 8송이를 조각하였다. 탑신의 몸돌은 모서리마다 기둥 모양을 새겼고, 지붕돌은 높고 큰 편으로 처마는 수평을 이루고 있다. 낙수면은 8각의 굵직한 지붕선이 꼭대기에서 아래로 이르렀으나, 끝에 달려있던 꽃 장식은 모두 부서졌다.

탑의 꼭대기에는 머리장식으로 앙화(솟은 연꽃모양의 장식)와 보주(연꽃봉오리모양의 장식)가 있는데, 한 돌로 조각하였다.

만들어진 때는 진경대사가 입적한 해인 신라 경명왕 7년(923)으로 추정되는데, 아래받침돌의 안상에서 이미 고려시대의 특색이 보이고 있다. 기단 가운데받침돌이 낮고 작은 것이나 탑신의 몸돌이 가늘고 긴 것에 비해, 지붕돌이 지나치게 커서 비례의 균형을 잃고 있다. 조각수법이 강하지 않고 전체 형태가 길쭉해지는 경향이 나타나는 등 통일신라의 양식을 계승하면서도 새로운 양식으로 옮겨가는 과정이 곳곳에서 엿보인다.

보물 제363호
창원 봉림사지 진경대사탑비

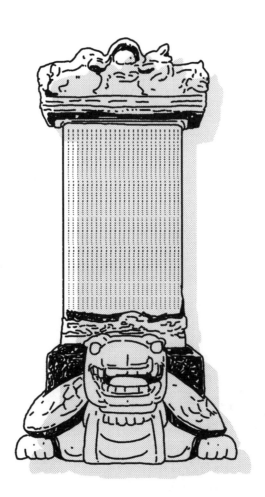

분류	기록유산 / 서각류
	금석각류 / 비
수량/면적	1기
소재지	서울시 용산구
	서빙고로 137
시대	통일신라
소유	국유
관리	국립중앙박물관

통일신라 후기의 승려 심희의 탑비로, 원래 경남 창원의 봉림사 터에 있던 것을 1919년 경복궁으로 옮겨 왔으며, 현재는 국립중앙박물관 경내에 있다.

심희(855~923)는 9세에 출가하여 명산을 다니면서 수행을 하다가 경남 창원에서 봉림사를 창건하니, 이때부터 선문 9산 중 하나인 봉림산문의 기운이 크게 일어났다. 궁으로 들어가 경명왕에게 설법을 하기도 하였고, 그 후 다시 봉림사로 돌아와 제자들을 지도하다 68세의 나이로 입적하였다. 왕은 시호를 '진경대사'라 하고, '보월능공'이라는 탑 이름을 내리었다.

비는 거북 받침돌 위로 비몸을 세우고 머릿돌을 올린 모습이다. 받침돌의 거북 머리는 유난히 크고 입에는 여의주를 물고 있으며, 머리 위에는 뿔이 있던 작은 구멍이 있다. 등 위로는 비를 꽂아 두기 위한 네모난 홈을 마련하였는데, 주위에 구름무늬가 가득하다. 비문이 새겨져 있는 비몸은 분실된 부분이 있어 옛 탁본을 참고로 복원해 놓았다. 머릿돌에는 구름 속에 둘러싸인 두 마리의 용이 모퉁이에 각 한 마리씩 표현되어 있다.

보물 제365호
원주 흥법사지 진공대사탑 및 석관

분류	유적건조물 / 종교신앙
	불교 / 탑
수량/면적	1기1구
소재지	서울시 용산구
	서빙고로 137
시대	고려
소유	국유
관리	국립중앙박물관

진공대사의 사리를 모셔놓은 탑과, 그 옆에 놓여있는 돌로 만든 함이다. 본래는 강원도 원주의 흥법사터에 있었으나 1931년 경복궁으로 옮겨 왔으며 현재는 국립중앙박물관 경내에 있다.

진공대사는 통일 신라 말·고려 초에 활약한 승려로, 당나라에 유학하고 돌아와 신라 신덕왕의 스승이 되었으며, 특히 고려 태조의 두터운 존경을 받았다.

탑은 전체가 8각으로 이루어진 기본적인 형태로, 기단의 아래와 위 받침돌에는 연꽃을 새겼다. 북 모양을 하고 있는 가운데 받침돌 표면에는 웅장한 구름과 함께 뒤엉켜 있는 용의 몸체를 생동감 있게 조각하였다. 탑신의 몸돌은 8각의 모서리마다 꽃무늬가 장식되어 독특하고, 앞뒤 양면에는 자물쇠가 달린 문짝 모양이 각각 새겨져 있다. 그 위로 얹혀 있는 지붕돌은 밑면에 3단의 받침과 2중으로 된 서까래가 표현되어 있다. 경사가 완만한 낙수면은 8각의 모서리선이 굵게 새겨져 그 끝에는 높이 솟아있는 꽃 조각이 달려있다. 특히 낙수 면에는 기와를 입힌 모양의 기왓골이 사실적으로 표현되어 있고 처마 끝에 이르러서는 암막새, 수막새까지도 자세히 조각됨으로써 밑면의 서까래와 함께 당시 목조건축의 일면을 잘 보여주고 있다. 꼭대기에는 8각의 작은 지붕모양의 머리 장식인 보개가 있다.

한편 탑의 왼쪽에 따로 놓여 있는 돌로 만든 함에는 불교 경전과 함께 관련된 유물을 담아두었는데, 뚜껑까지 완전하게 남아있어 그 가치를 지닌다. 지붕의 윗부분을 수평으로 자른 듯한 뚜껑돌과 긴 상자 모양의 몸통으로 이루어진 이 함은 거의 완전하며 온화한 품위를 보여주고 있다. 두 유물의 조성연대에 대하여는 알수 없으나 「고려사」에 남아 있는 기록으로 미루어 고려 태조 23년(940)으로 추측된다.

보물 제452호
청자 구룡형 주전자

청자 구룡형 주전자는 고려 시대 만들어진 청자 주전자로 연꽃 위에 앉아 있는 거북 모양이며, 높이 17.2㎝, 길이 20.2㎝의 크기이다.

얼굴은 매우 정교하고 실감 나게 표현하였으며, 부분적으로 금을 칠하였다. 등 위에 붙어 있는 입은 오므린 연잎 모양이고, 손잡이는 두 가닥의 연줄기가 꼬인 것으로 묘사되어 있다. 등 위에 음각된 거북등 무늬 안에는 '왕'자를 하나씩 넣었다. 손잡이에는 흰색 점과 검은색 점을 드문드문 찍어서 장식하고, 연꽃 받침의 꽃잎 사이에는 흰색 점을 간간이 찍었다. 유약은 비취색으로 두꺼운 편이다.

분류	유물 / 생활공예 토도자공예 / 청자
수량/면적	1개
소재지	서울시 용산구 서빙고로 137
시대	고려
소유	국유
관리	국립중앙박물관

대체로 전체적인 비례가 적당히 균형 잡혀 있어, 동·식물이나 인물 형태를 본뜬 상형 청자가 유행하던 12세기 전반의 특징을 잘 나타내고 있다.

보물 제453호
도기 녹유 탁잔

도기 녹유 탁잔은 황록색 유약을 입혀서 만든 잔으로 잔을 받치기 위한 접시 모양의 받침과 뚜껑을 모두 갖추고 있다.

곡선이 매우 완만한 접시 모양 잔 받침의 안쪽 중앙에는 잔을 고정시키기 위한 원통형 잔받이가 높게 솟아 있으며, 잔 바닥에는 기다란 다리가 붙어 있어 접시의 잔받이에 들어가 얹히도록 하였다. 잔 뚜껑 꼭대기에는 보주 모양의 꼭지가 달려있다. 잔이 반구형 모양인데 비해 뚜껑은 경사면에서 지붕처럼 가라앉은 곡선을 이루고 있다. 이와 같은 뚜껑의 곡선은 무령왕릉에서 출토된 은제탁잔에서도 보이고 있는 것으로 보아 삼국시대 탁잔 뚜껑에서부터 나타나는 장식적 요소의 한 특징이라 하겠다. 황록색의 유약이 비교적 두껍게 발라져 고른 유약 처리를 하였으나, 연질이어서 많은 부분이 벗겨져 암회색의 바탕흙이 노출되었다. 접시와 잔의 몸통 부분과 뚜껑에는 평행선 줄무늬가 새겨져 있다.

출토지와 제작 장소는 알 수 없으나 삼국시대의 탁잔 양식, 특히 무령왕릉에서 출토된 은제탁잔과 매우 비슷한 모습을 보여주고 있을 뿐만 아니라 통일신라기의 청동기에도 보이고 있어, 통일신라 초기에 만들어진 것으로 추정된다.

분류	유물 / 생활공예 토도자공예 / 녹유
수량/면적	1개
소재지	서울시 용산구 서빙고로 137
시대	삼국
소유	국유
관리	국립중앙박물관

보물 제454호
경주 노서동 금팔찌

경주 노서동 금 팔찌는 경주 노서동에 있는 무덤에서 발견된 지름 8cm의 신라의 금제 팔찌이다.

납작한 단면 바깥쪽에 각각 59개씩의 돌기를 내어 하나하나에 옥을 상감하였다. 이 돌기 좌우에는 4마리 용이 입을 벌려, 서로 다른 용의 꼬리를 물려는 모습을 생동감 있게 새겼다. 몸에는 비늘을 세밀하게 조각하였고 눈은 음각하였다.

경주 시내에 있는 신라 무덤에서는 각종 금제나 금동제 팔찌가 발견되는데, 장식이 없거나 간단한 문양이 있는 것이 대부분이다. 이같이 용이 조각된 예는 매우 드물며, 그중에서도 이 팔찌는 뛰어난 걸작으로 평가받고 있다.

분류	유물 / 생활공예
	금속공예 / 장신구
수량/면적	1쌍
소재지	서울시 용산구
	서빙고로 137
시대	신라
소유	국유
관리	국립중앙박물관

보물 제455호
경주 노서동 금귀걸이

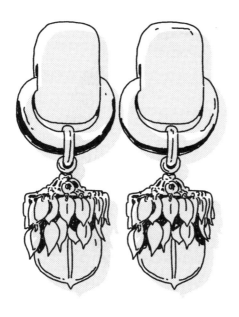

분류	유물 / 생활공예
	금속공예 / 장신구
수량/면적	1쌍
소재지	서울시 용산구
	서빙고로 137
시대	신라
소유	국유
관리	국립중앙박물관

이 귀걸이는 경주 노서동 215호 고분에서 출토되었으나 귀걸이 1쌍 중 하나가 일본에 반출되었다가 1965년 체결된 한·일 협정에 의거하여 1966년 한국으로 반환되어 국립중앙박물관에 보관되었다.

경주 노서동 금귀걸이는 외형상 주고리, 중간식, 마감 장식의 전형적인 3단 구조로 구성된 신라시대 5~6세기에 해당하는 유물이다. 귀에 거는 주고리는 굵고 중간에는 가늘고 긴 이파리 모양의 장식물이 달려 있으며 가장 아랫단에는 나뭇잎 형 장식으로 마감하였다.

중심 고리는 양쪽 끝을 얇은 금판을 붙여 깔끔하게 마감하였고, 중간의 긴 이파리 모양의 장식물은 주위와 가운데 부분에 새김 눈금선을 붙여서 장식하여 매우 화려해 보인다. 또한 하트 모양의 나뭇잎 형 마감 장식은 테두리와 중심선에 모두 새김 눈금선을 2줄로 겹쳐 붙여 입체감과 화려함이 돋보인다. 이 귀걸이는 전형적인 경주식 태환이식이라는 점, 제작 기법과 조형성이 우수하고 보존 상태도 매우 양호한 점, 이후 금 조총 및 보문동 부부 총 금 귀걸이로의 양식 사적 발전과정을 보여준다는 점 등에서 그 가치가 높다.

보물 제456호
경주 노서동 금목걸이

경주 노서동 금목걸이는 금 소환 여러 개를 연결하여 속이 빈 구형을 만들고 심엽형 금판을 금줄로 연결한 장식을 44개 연결한 목걸이로서, 끝에 비취 곡옥 1개를 달았다.

가운데가 빈 구형의 구슬은 같은 시대 귀걸이의 중간 장식에서 볼 수 있는 수법이고 목걸이 끝에 곡옥을 다는 형식은 당대 목걸이의 전형적인 양식이다. 그러나 이 시기의 목걸이가 대부분 유리제 청옥을 연결하고 끝에 곡옥을 다는 형식인데 비하여 이 목걸이는 청옥을 사용하지 않았을 뿐 아니라 구슬 하나하나에 정교한 기술이 발휘된 최고의 걸작이다. 끝에 달린 비취 곡옥의 맑은 색은 금색과 좋은 조화를 이루고 있다.

분류	유물 / 생활공예
	금속공예 / 장신구
수량/면적	1련
소재지	서울시 용산구
	서빙고로 137
시대	신라
소유	국유
관리	국립중앙박물관

보물 제515호
숙신옹주 가옥허여문기

숙신옹주 가옥허여문기는 조선 태조 이성계가 그의 후궁에게서
난 딸을 뒤에 숙신옹주로 봉하고 집을 하사한다는 내용의 분재기
이다.

8행으로 되어 있으며, 원문이 끝난 후 간격을 크게 비워 두고 '태
상왕'이라 적었으며, 그 아래에 태조의 수결(지금의 서명)이 있다.
내용은 모두 이두문으로 되어 있는데 집터, 집의 방향, 집을 짓는
데 쓰이는 재목, 가옥의 배치, 건물의 칸수 등을 구체적으로 적고,
끝에는 자손이 영원히 거주할 것을 밝혀 두고 있다.

조선조 최초의 가옥 급여문서로 조선 전기 가옥과 토지 등 재산
에 대한 법 제도 연구의 귀중한 자료로 평가된다.

분류	기록유산 / 문서류
	민간문서 / 분재기류
수량/면적	1축
소재지	서울시 용산구
	서빙고로 137
시대	조선
소유	국유
관리	국립중앙박물관

보물 제522호
강세황필 도산서원도

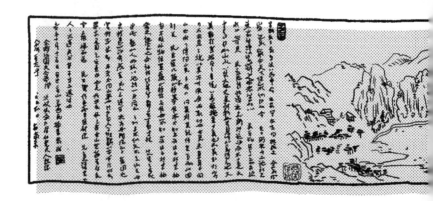

분류	유물 / 일반회화 산수화 / 산수화
수량/면적	1폭
소재지	서울시 용산구 서빙고로 137
시대	조선
소유	국유
관리	국립중앙박물관

강세황 필 <도산서원도>는 조선 후기의 문인 화가 강세황(1712 ~1791)이 도산서원의 실경을 그린 것으로, 크기는 가로 138.5㎝, 세로 57.7㎝이다. 위에서 아래를 내려다보는 풍경을 그린 것으로 중앙에 도산서원을 배치하고 앞쪽에는 흐르는 강물과 함께 탁영담, 반타석 등을 그렸다. 왼쪽에는 곡류 위쪽으로 분천서원, 애일당, 분강촌 등을 그렸으며 본인이 직접 쓴 글이 적혀있다. 여기에는 성호 이익이 병으로 누워 있으면서 자신에게 도산서원을 그리도록 특별히 부탁하였다는 것과 자신의 소감 및 제작 시기 등을

비교적 자세히 적고 있다. 또한 이 글의 끝부분에는 1927년 가을
최남선이 쓴 글도 적혀 있다. 서원의 배치, 건물의 크기와 방향 등
이 실제와 부합되게 그려졌으며 건물의 이름도 함께 밝혔다.
영조 27년(1751)에 그려진 이 그림은 마의 올을 풀어서 늘어놓은
것같이 섬세하게 산과 계곡을 표현하였으며 나무들은 붓을 눕혀
점을 찍듯이 나타내어 당시 유행하던 남종화풍의 초기적 필치를
느낄 수 있다.

보물 제527호
김홍도필 풍속도 화첩

분류	유물 / 일반회화
	풍속화 / 풍속화
수량/면적	1첩
소재지	서울시 용산구
	서빙고로 137
시대	조선
소유	국유
관리	국립중앙박물관

김홍도 필 <풍속도 화첩>은 조선 후기의 화가인 김홍도가 그린 그림책 형태의 풍속화 25점이다. 단원 김홍도(1745~?)는 신선 그림이나 초상화, 산수화 등 다양한 주제로 그림을 그렸지만, 풍속화가로 더 유명하다.

풍속화는 종이에 먹과 옅은 채색을 하여 그렸는데, 각 장의 크기는 가로 22.4㎝, 세로 26.6㎝ 정도이다. <씨름>, <대장간>, <글방> 등과 같이 서민 사회의 일상생활 모습과 생업에 종사하는 모습이 구수하고도 익살스럽게 표현된 그림들이 실려 있다. 풍속화의 대부분은 주변의 배경을 생략하고 인물을 중심으로 그렸는데, 특히 인물은 웃음 띤 둥근 얼굴을 많이 그려 익살스러움을 한층 더하였다. 선이 굵고 힘찬 붓질과 짜임새 있는 구도는 화면에 생동감이 넘치게 하는 한편 서민들의 생활감정과 한국적인 웃음을 잘 표현하고 있다.

이 풍속화들은 활기차게 돌아가는 서민들의 일상생활의 사실성과 사회성을 그 생명으로 삼았고, 또한 서민의 일상생활을 주제로 한 것이어서 당시 사회상을 엿볼 수 있는 귀중한 자료이다.

보물 제568-1호
윤봉길 의사 유품

분류	기록유산 / 문서류
	문서류 / 문서류
수량/면적	1매, 1책(17매)
소재지	서울시 용산구
	서빙고로 137
시대	일제강점기
소유	국유
관리	국립중앙박물관

윤봉길은 충청남도 예산군 덕산면 사량리에서 태어나, 덕산 보통
학교와 오치서숙에서 공부하였고 19세 때 고향에 야학을 세워 농
촌계몽운동을 시작했다. 20세 때 각곡 독서회를 조직하고 「농민
독본」을 편찬했으며, 22세 때 월진회를 조직, 농촌운동을 정열적
으로 전개하였다. 윤봉길 의사는 국내에서 독립운동이 어려워지
자 23세 때 중국으로 망명하여 1931년 김구 선생의 한인 애국단
에 가입하였다.

그 뒤 항일 투쟁을 계속하다가 1932년 4월 29일 혼자 일본의 상
해사변 전승 축하회가 열리던 상해의 홍구 공원에 폭탄을 던져
일본군 총사령관 시라가와 등 일본의 군 수뇌부를 제거하는데 성
공하였다. 그 자리에서 체포된 윤봉길 의사는 군법재판 단심에서
사형을 선고받고 11월 일본으로 이송되어 1932년 12월 19일 일본
대판 위수 형무소에서 24살의 나이로 세상을 떠났다.

윤봉길 의사 유품

1 선서문은 1932년 4월 29일 상해 홍구 공원에서 폭탄을 투척하
는 의거를 일으킨 독립운동가 윤봉길(1908~1932) 의사가 남긴
유품들 가운데 하나로 김구 선생의 한인 애국단에 입단하는 것을
직접 손으로 쓴 선서문이다. 이 글의 크기는 가로 21.5㎝, 세로
27㎝이다.
2 윤봉길 의사 이력서 및 유서는 1932년 4월 29일 상해 홍구 공
원에서 폭탄을 투척하는 의거를 일으킨 독립운동가 윤봉길(1908
~1932)의사가 남긴 유품들 가운데 하나로 1931년 한인 애국단에
입단할 때 손으로 직접 쓴 이력서와 유서이다. 유서는 펜 글씨로
쓰여 있고, 크기는 가로 16.5㎝, 세로 29㎝이며, 1책 17매이다.

보물 제588호
강민첨초상

<강민첨 초상>은 고려 시대 장군인 강민첨을 그린 초상화로, 크기는 가로 61.3㎝, 세로 80㎝이다. 강민첨(?~1021)은 고려시대 명장으로 목종(재위 997~1009) 때 문과에 급제하였고, 현종 3년(1012) 동여진이 침입하자 안찰사로서 군대를 이끌고 나가 격퇴하였고 현종 9년(1018) 거란이 침입하자 이를 막아내는데 큰 공을 세우기도 하였다. 과거에 급제한 후 쓰던 모자인 복두에 정장을 하고 홀을 들고 앉아서왼쪽을 바라보고 있는 반신상이다. 의자 등받이에 있는 호랑이 가죽은 18세기 초상화의 특징을 보여준다.

이 그림은 고려 시대에 그려진 것이 아니라 정조 12년(1788) 박춘빈이 원본을 그대로 옮겨 그린 그림이다. 비록 조선시대에 그려진 그림이지만 고려 시대 초상화가 희귀한 상황에서 고려 공신상 형식과 표현 형식을 엿볼 수 있는 중요한 그림이다.

분류	유물 / 일반회화 인물화 / 초상화
수량/면적	1폭
소재지	서울시 용산구 서빙고로 137
시대	조선
소유	개인소장
관리	국립중앙박물관

보물 제589호
강현초상

분류	유물 / 일반회화
	인물화 / 초상화
수량/면적	1폭
소재지	서울시 용산구
	서빙고로 137
시대	조선
소유	개인소장
관리	국립중앙박물관

<강현 초상>은 조선 중기 문신인 강현(1650~1733) 선생의 초상화로, 오른쪽을 바라보며 의자에 앉아 있는 가로 96㎝, 세로 165.8㎝ 크기의 전신 초상화이다. 강현 선생은 문인 서화가인 강세황의 아버지로, 대제학, 예조판서 등 여러 벼슬을 한 인물이다.

이 초상화에서의 모습은 관리들이 쓰는 모자와 녹색 관복을 입고 있으며, 호랑이 가죽이 깔린 의자에 앉아 있다. 얼굴의 묘사는 눈, 코, 턱, 양볼 부분에 가는 선을 이용하여 음영을 넣었으며, 노인 특유의 붉은 기운이 잘 표현되었다. 옷 주름은 음영이 들어있지 않은 선으로 몇 개의 주름만 나타내 인물의 기품을 보여주고 있다. 이 그림은 의자에 깔린 호랑이 가죽 등 18세기 초상화의 전형적인 형식이나 화법을 보여주고 있다.

보물 제590호
강세황초상

분류	유물 / 일반회화
	인물화 / 초상화
수량/면적	2폭
소재지	서울시 용산구
	서빙고로 137
시대	조선
소유	개인소장
관리	국립중앙박물관

<강세황 초상>은 조선 후기 대표적 문인 서화가인 강세황이 직접 자신을 그린 자화상과 이명기가 그렸다고 전해지는 강세황의 초상화 등 2폭의 영정이다. 자화상의 크기는 가로 51㎝ 세로 88.7㎝이고, 다른 초상화는 가로 94㎝, 세로 145.5㎝ 크기이며, 모두 비단에 채색하여 그렸다. 강세황(1713~1791)은 시, 글씨뿐만 아니라 그림에도 뛰어나 그의 독자적인 화풍을 이룩하였다.

자화상은 검은색 관모에 진한 옥빛의 도포 차림의 모습이고 이명기가 그린 초상화는 관복에 관모를 착용하였다. 두 그림 모두 똑같은 얼굴의 각도를 하고 시선이 오른쪽을 향하고 있으며, 의자에 앉은 전신의 모습을 그렸다. 얼굴을 표현함에 있어 주름은 색을 덧칠하여 윤곽을 나타냈으며, 오목한 부분은 그림자를 사용하여 입체감을 주었다.

자화상은 강세황의 71세 때의 모습을 그린 것이며, 다른 한 점의 그림은 입고 있는 옷이 다르기는 하지만 영정 그림에 뛰어났던 이명기가 그린 것이다. 초상화에서 손가락 마디의 생김새까지 표현한 것은 조선시대 전반기까지 거의 없었던 것으로, 회화사적으로 볼 때 의미 있는 발전이라고 할 수 있다.

보물 제624호
황남대총 북분 유리잔

경주시 황남동 미추왕릉 지구에 있는 신라 무덤인 황남대총에서
발견된 유리제 잔(배)이다. 황남대총은 2개의 봉분이 남·북으로
표주박 모양으로 붙어 있다. 황남대총 북분 유리잔은 높이 7cm,
구연부 지름 10.5cm로 북쪽 무덤에서 출토되었다. 구연부 부분은
수평이 되도록 넓게 바깥쪽으로 벌어졌고, 몸통 부분은 밥그릇
모양으로 밑이 약간 넓어진다. 아랫부분에는 우뚝한 받침이 있는
데, 짧은 목을 거쳐서 나팔형의 굽이 달렸다. 유리는 투명한 양질
이고 갈색으로 전체에 걸쳐 나뭇결무늬가 있다. 받침 바닥에 약
간의 손상이 있는 외에는 완전한 형태로 보존되어 있다.

경주의 신라 무덤에서는 여러 가지 종류의 유리제 용기가 발견되
었지만, 이러한 작품은 처음 보는 독특한 예이다. 잔의 모양이나
무늬로 보아 신라 제품이 아닌 서방에서 전래된 것으로 추측된다.

분류	유물 / 생활공예 옥석공예 / 석공예
수량/면적	1개
소재지	서울시 용산구 서빙고로 137
시대	신라
소유	국유
관리	국립중앙박물관

보물 제627호
황남대총 북분 은잔

황남대총 북분 은잔은 경주시 황남동 미추왕릉 지구에 있는 삼국
시대 신라 무덤인 황남대총에서 발견되었다. 황남대총은 2개의
봉분이 남·북으로 표주박 모양으로 붙어 있다.

이 은제 잔은 황남대총 북쪽 무덤에서 발견된 신라 잔 모양의 그
릇으로 높이 3.5㎝, 아가리 지름 7㎝의 크기이다. 밑이 평평한 잔
으로 표면의 장식 무늬가 매우 특이하다. 아가리에 좁은 띠를 두
른 뒤, 연꽃을 겹으로 촘촘하게 돌려 무늬를 장식하고, 그 밑으로
는 쌍선으로 거북등무늬를 연속시켰다. 거북등 안에는 각종 상상
속의 동물 형상을 도들 새김으로 새겼다.

분류	유물 / 생활공예 금속공예 / 생활용구
수량/면적	1개
소재지	서울시 용산구 서빙고로 137
시대	신라
소유	국유
관리	국립중앙박물관

바닥 안쪽 중앙에도 꽃무늬 안에 봉황을 배치하였다. 이러한 무
늬의 표현 형식과 동물의 형상은 경주 식리총에서 출토된 장식용
신발에서도 찾아볼 수 있어 당시 외래문화와의 교류를 시사한다.
무늬 자체는 중국 한나라 시대의 구리거울과 연관이 있으나, 그
기원에 관해서는 분명치 않다.

보물 제629호
황남대총 남분 금제 허리띠

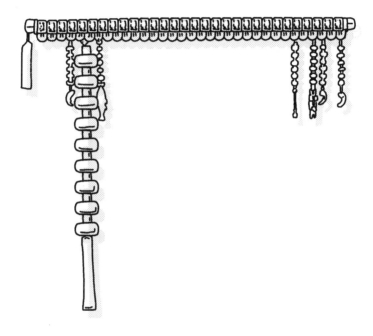

황남대총 남분 금제 허리띠는 경주시 황남동 미추왕릉 지구에 있는 삼국시대 신라 무덤인 황남대총에서 발견된 허리띠(과대)와 띠드리개(요패)이다. 황남대총은 2개의 봉분이 남·북으로 표주박 모양으로 붙어 있다.

허리띠 길이는 99㎝이며, 소형 띠드리개 길이 18~22㎝, 대형 띠드리개 길이 79.5㎝의 크기이다. 이 허리띠는 문양이 뚫린 사각형의 판과 나뭇잎 장식 34매를 연결하였다. 나뭇잎 장식 아래에는 7줄의 띠드리개가 있는데, 1줄은 길고 6줄은 짧다. 이 허리띠의 좌우 끝에는 서로 연결할 수 있는 띠고리(교구)가 달려 있다.

분류	유물 / 생활공예 금속공예 / 장신구
수량/면적	1식
소재지	서울시 용산구 서빙고로 137
시대	신라
소유	국유
관리	국립중앙박물관

보물 제630호
황남대총 남분 금제 관식

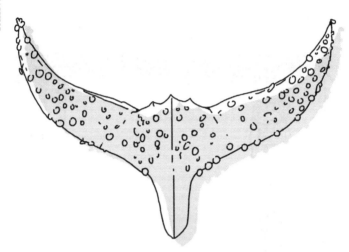

황남대총 남분 금제 관식은 경주시 황남동 미추왕릉 지구에 있는 삼국시대 신라 무덤인 황남대총에서 발견되었다. 황남대총은 2개의 봉분이 남·북으로 표주박 모양으로 붙어 있다.

이 관식은 황남대총 남쪽 무덤에서 발견되었으며, 높이 45㎝, 날개 끝 너비 59㎝의 크기이다. 3매의 금판으로 구성되어 있는데, 가운데 금판은 위에 3개의 돌출된 부분이 있어서 전체가 山 자 모양을 하고 있다. 아랫부분은 차츰 좁아져서 V자 형태를 이루고 있으며, 이 가운데 금판 좌우에 새 날개 모양의 금판을 작은 못으로 연결하였다.

전면에 작은 원형 장식을 달았으나 가운데 금판 밑의 관에 꽂게 된 부분에는 장식이 없다. 관 장식의 가장자리에는 작은 점을 찍어 처리하였다. 가운데 금판은 세로 중심선에서 안으로 약간 접은 상태로서, 밑의 뾰족한 부분을 어느 곳에 꽂기 위한 형태라고 생각되지만 평소에 썼던 관의 일부인지 용도는 확실하지 않다.

분류	유물 / 생활공예 금속공예 / 장신구
수량/면적	1식
소재지	서울시 용산구 서빙고로 137
시대	신라
소유	국유
관리	국립중앙박물관

보물 제648호
승자총통

승자총통은 불씨를 손으로 점화·발사하는 총통 중·소형으로 개인의 휴대용 화기를 말한다.

전체 길이 56.8㎝, 통 길이 34.8㎝, 입지름 4㎝, 무게 4.5㎏로 마디는 6개가 있다. 약실 쪽의 3마디의 간격을 총구 쪽 보다 좁힌 것은 화약의 폭발 위력을 염려하여 터지지 않도록 한 것이며, 적이 가까이 와서 백병전이 벌어지면 곤봉으로도 사용할 수 있게끔 양각하였다. 손잡이에는 음각으로 제조 연대와 무게, 장인의 이름이 새겨 있고, 나무 손잡이는 오래되어서 손실되었다. 명문에 의하면 선조 12년(1579)에 전라좌수사와 경상 병사 김지가 만들었다. 이 총통은 승자총통 중에서도 초기 작품으로, 그 당시 휴대용 화포를 만들었다는 사실은 우리 병기 제조사에 길이 남을 만한 일이다.

분류	유물 / 과학기술 무기병기류 / 병장기류
수량/면적	1구
소재지	서울시 용산구 서빙고로 137
시대	조선
소유	국유
관리	국립중앙박물관

보물 제852호
휴대용 앙부일구

앙부일구는 조선 세종 때에 처음 만든 이후 조선시대 말까지 계속해서 제작되었고 가장 많이 만들어진 대표적인 해 시계이다. 궁궐이나 관공서 그리고 때로는 양반들이 집에서까지 널리 사용하였으며, 정원에 설치해 놓고 시간을 측정하는 것과 휴대용으로 구분할 수 있다. 정원에 설치하는 것은 대개 받침대 위에 올려놓게 만들었는데, 청동제와 돌로 깎아 만든 것이 많은 편이고 자기 제품도 있다. 이것들은 대체로 아름답고 품위 있게 만들었고 조각을 한 돌 받침대에 올려놓는 경우가 많았다. 휴대용은 표면을 반구형으로 오목하게 파고 그 중심에 침을 세우게 되어 있는 간략한 것이 있고, 자석을 붙여 남북을 정확하게 맞춰 시각을 측정하게 만든 정밀한 것의 2종류가 있다.

휴대용 앙부일구는 세로 5.6㎝, 가로 3.3㎝, 두께 1.6㎝의 돌로 만들었으며, 서울의 위도를 표준으로 하였다. 또한 제작자의 이름과 제작 연대(1871)가 새겨져 있어 해 시계로서의 학문적 가치를 높여준다. 반구형 해시계 면의 직경은 2.8㎝이고, 나침반의 직경 1.9㎝로 주위에 24방향의 글자가 새겨져 있다. 여기에는 낮 시간과 시각선이 새겨져 있고 24절기와 절기선들도 새겨져 있다.
이런 휴대용 해시계는 만든 솜씨가 뛰어난 매우 드문 유물로 조선시대 과학기기 제작 기술의 정밀함과 우수함을 보여주는 귀중한 자료이다.

분류	유물 / 과학기술 계측교역기술용구 도량형
수량/면적	1점
소재지	서울시 용산구 서빙고로 137
시대	조선
소유	국유
관리	국립중앙박물관

보물 제886호
황자총통

불씨를 손으로 점화·발사하는 유통식 화포는 그 크기와 사용되는
화약의 양, 발사 거리에 따라 4가지로 분리하여 천자문에서 그 이
름을 따 천·지·현·황자총통이라 붙인다. 이것은 그중 가장 크기
가 작은 것으로, 편리한 이동을 위해 만든 것이다.

총 구경 4㎝, 전체 길이 50.4㎝로, 임진왜란 5년 전인 선조 20년
(1587)에 만들었다는 기록이 남아 있다. 포 입구에서부터 점차 두
터워지고, 몸에는 대나무 모양의 4마디가 표현되어 있다. 포의 끝
은 둥글며, 첫째와 둘째 마디 사이에는 손잡이가 달려 있다.

임진왜란과 병자호란을 겪었으나 모습이 완벽하고 제작 연 도를
알 수 있는 기록이 남아 있어, 화포사 연구는 물론 국방과학기술
문화재로도 높이 평가받고 있다.

분류	유물 / 과학기술
	무기병기류 / 병장기류
수량/면적	1점
소재지	서울시 용산구
	서빙고로 137
시대	조선
소유	국유
관리	국립중앙박물관

보물 제904호
고대 그리스 청동 투구

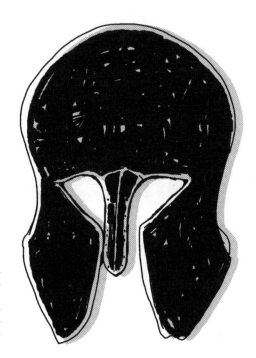

분류	유물 / 생활공예
	금속공예 / 청동용구
수량/면적	1개
소재지	서울시 용산구
	서빙고로 137
시대	기타
소유	국유
관리	국립중앙박물관

1936년 손기정이 베를린 올림픽 경기 대회 마라톤 경기에서 우승한 기념으로 받은 높이 21.5㎝의 그리스의 청동투구이다. 기원전 6세기경 그리스의 코린트에서 만들어진 것으로, 1875년 독일의 고고학자에 의해 올림피아에서 발굴되었다.

형태를 보면 머리에 썼을 때 두 눈과 입이 나오고 콧등에서 코끝까지 가리도록 만들어졌으며, 머리 뒷부분은 목까지 완전히 보호하도록 되어 있다. 눈과 입의 노출을 위해 도려낸 부분과 목과 접촉하는 부분에는 윤곽선을 따라 실을 꿸 수 있도록 구멍이 있는 것으로 보아 원래 투구 안쪽에 천을 대어 머리에 썼을 때 완충 효과를 생각했던 것 같다.

베를린 올림픽 마라톤 우승자에게 부상으로 수여하도록 되어 있었으나 손기정에게 전달되지 않고, 베를린 박물관에 보관되어 오던 것을 그리스 부라딘 신문사의 주선으로 우리나라에 돌아오게 되었다.

보물 제903호
청자 상감매죽학문 매병

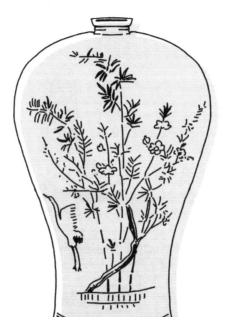

고려 시대의 만들어진 청자 매병으로 높이 38.9㎝, 아가리 지름 5.1㎝, 밑지름 15.6㎝이다.

어깨에서 팽배하게 벌어졌다가 몸통 아래에서 좁혀져 세워진 몸체와 각이 진 아가리가 달린 전형적인 고려 매병이다. 목은 낮고 잘록하여 작고 낮은 아가리와 조화를 이룬다. 흑백 상감 기법으로 몸통의 앞·뒷면에 가는 줄기의 매화와 대나무를 큼직하게 배치하고, 그 사이에 날아오르는 새와 학, 풀을 회화적으로 나타냈다. 병의 표면은 담청록의 맑은 빛깔로 투명하며, 미세하게 갈라진 빙렬이 전면에 나타난다.

회화인 매, 조, 죽의 상감 무늬와 맑은 청자유가 잘 어울리는 작품으로 주목된다.

분류	유물 / 생활공예
	토도자공예 / 청자
수량/면적	1점
소재지	서울시 용산구
	서빙고로 137
시대	고려
소유	국유
관리	국립중앙박물관

보물 제928호
남양주 봉인사 부도암지 사리탑 및 사리장엄구

분류	유적건조물 / 종교신앙
	불교 / 탑
수량/면적	일괄(1기,6점)
소재지	서울시 용산구
	서빙고로 137
시대	조선
소유	국유
관리	국립중앙박물관

조선 광해군 때 세워진 사리탑과 그 안에서 발견된 여러 사리 장치들이다. 광해군은 왕세자의 만수무강과 부처의 보호를 바라며 봉인사의 부도암이라는 암자에 사리탑을 세우게 하였는데, 사리탑에는 승려의 사리를 모시는 것이 일반적이나, 이 탑에는 부처의 사리를 모셔두고 있다. 이 유물은 일제강점기를 거치면서 수난을 겪었는데 1927년에 일본으로 반출되었다가, 60여 년이 흐른 1987년에서야 비로소 우리나라로 되돌아오게 되었다.

사리탑은 8각의 평면을 기본으로 삼고 있다. 전체의 무게를 지탱하는 기단은 상·중·하의 세 부분으로 나누었고, 그 위로 북처럼 둥근 탑몸돌을 올려 사리를 모셔 두었다. 8각의 지붕돌을 그 위에 올린 뒤 꼭대기에는 길쭉한 머리장식을 얹어 마무리하였다.
탑몸돌 윗면에는 사리 장치를 넣어두던 네모난 홈이 있는데, 이곳에서 7점의 유물이 발견되었다. 모두 뚜껑이 있는 그릇으로, 놋쇠 그릇 3점, 은그릇 3점, 수정 사리병 1점으로 구성되어 있다. 놋쇠 그릇 안에 은 그릇을 넣어두는 방식으로 각각 3쌍을 이루고 있는데, 놋쇠 그릇에는 명주실·비단·향이 담겨 있다. 은 그릇은 뚜껑에 금박이 입혀진 구름과 용무늬를 역동적으로 새기고, 그릇 밑바닥에는 몇 줄의 글귀를 기록해 놓았는데, 기록을 통해 이 유물이 광해군 12년(1620)에 봉해진 것임을 알 수 있다.

사리탑과 사리 유물 모두 조선 전기의 양식을 거의 변함없이 따르고 있으면서도, 곳곳에서 새로운 시도를 하고 있어 흥미롭다. 탑의 길쭉한 머리 장식이라든가, 사리 그릇을 두세 개만을 넣어두던 당시 흐름에 비해 여기에서는 7개나 되는 그릇을 사용하고 있는 점 등이 그것이다. 확실한 연대를 알 수 있는 조선 중기의 대표적인 작품으로, 조선시대의 유물 연구에 기초적인 자료가 되는 중요한 의의를 지닌다.

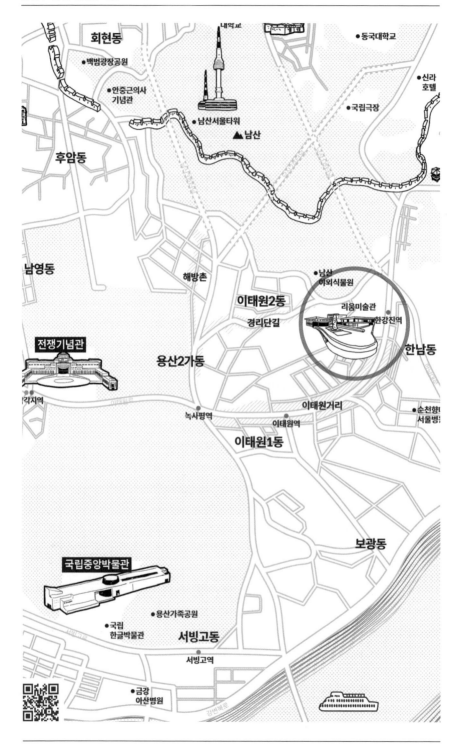

회현동

●백범광장공원

●안중근의사
기념관

후암동

남영동

해방촌

이태원2동

경리단길

용산2가동

전쟁기념관

각지역

녹사평역

이태원1동

내역교

●남산서울타워

▲남산

●남산
야외식물원

리움미술관

한강진역

이태원거리

이태원역

●동국대학교

●신라
호텔

●국립극장

한남동

●순천향
서울병

보광동

국립중앙박물관

●용산가족공원

●국립
한글박물관

서빙고동

서빙고역

●금강
아산병원

국보 제129호
금동보살입상

분류	유물 / 불교조각
	금속조 / 보살상
수량/면적	1구
소재지	서울시 용산구
	이태원로55길 60-16
시대	통일신라
소유	개인소장
관리	삼성미술관 리움

높이가 54.5㎝인 금동보살입상으로, 통일신라시대에 유행하던 보살상의 양식과 특징을 잘 보여주고 있다. 현재는 보살이 서 있던 대좌와 머리에 쓰고 있던 관이 없으며, 왼손은 팔뚝에서 떨어져 나간 상태이다.

몸에 비하여 머리가 약간 큰 편이고, 머리 위에는 상투 모양의 머리 음이 큼직하게 자리 잡고 있다. 얼굴은 눈 위쪽보다 눈 아래쪽이 유난히 길어 보여 어딘지 모르게 경직된 인상을 풍긴다. 넓은 가슴에 대각선으로 가로질러 입은 천의는 등으로 돌아 양 팔 위로 흘러내렸는데, 오른손으로 그 가운데 한 가닥을 잡고 있다. 허리 부분에서 한번 접힌 치마는 무릎 위에 드리워지고 나머지는 길게 발목 위에까지 내려오고 있다. 치마의 주름은 U자형의 도드라진 선으로 표현되었는데, 그 기법이 매우 세련되고 아름답다. 통일신라시대의 불상들 가운데서 흔히 이런 양식의 보살상을 찾아볼 수 있는데, 전체적으로 균형이 잘 맞고 몸의 형태도 유연한 편이지만 얼굴이나 신체의 표현에서 다소 경직된 느낌을 주는 8세기 후반의 작품으로 추정된다.

국보 제85호
금동신묘명삼존불입상

분류	유물 / 불교조각
	금속조 / 불상
수량/면적	1구
소재지	서울시 용산구
	이태원로55길 60-16
시대	삼국
소유	국유
관리	삼성미술관 리움

1930년 황해도 곡산군 화촌면 봉산리에서 출토되어 현재는 리움 미술관에 전시되어 있는 불상으로 높이 15.5㎝이다. 하나의 커다란 광배에 본존불과 좌우 보살상을 조각한 형태의 삼존불로 현존하는 같은 형식의 불상 중에서 가장 크다.

좌우의 보살상은 본존불보다 훨씬 작게 만들어 광배의 끝에 겨우 매달린 듯 보이는데, 이는 본존불을 한결 돋보이게 하는 효과를 내고 있다. 본존불의 가슴과 광배의 오른쪽 끝에 약간의 흠집이 있을 뿐, 전체적으로 보존 상태가 좋은 편이다.

본존불은 얼굴이 풍만하고 입가에 미소를 띠고 있으며, 머리에는 상투 모양의 머리(육계)가 큼직하다. 양 어깨를 감싸고 있는 옷은 두껍게 표현되어 있으며, 옷자락은 양옆으로 펼쳐지면서 발목까지 덮고 있다. 오른손은 들어 손바닥을 보이고, 왼손은 내려서 손끝이 아래로 향하면서 손바닥을 보이고 있다. 광배는 불상과 분리되며 본존불의 등 뒤에 달려있는 뾰족한 촉으로 고정시켜 준다.

배 모양의 광배는 본존불을 중심으로 머리 광배와 몸 광배를 표현하였고, 그 안에 연꽃무늬, 덩굴무늬, 인동초무늬를 새겼다. 머리 광배와 몸 광배의 가장자리에는 불꽃무늬를 새기고, 그 사이에는 작은 부처를 조각하였다. 광배의 아래쪽 끝부분에 새겨진 두 협시보살은 큼직한 얼굴에 원통형의 빈약한 체구를 지니고 있다. 가슴에는 X자형의 옷자락이 새겨져 있으며, 전체적으로 본존불에 비해 솜씨가 서툴러 보인다.

광배 뒷면에는 다섯 사람이 모여 그들의 스승과 부모를 위해 이 불상을 만들었다는 내용의 글이 새겨져 있다. 글에 나타난 사람 이름이나 불상의 양식으로 보아 고구려 불상으로 보이며, 글에 나타난 '신묘'는 고구려 평원왕 13년(571) 년으로 추정된다.

전체적인 불상 형태는 큼직한 얼굴과 손, 추상적인 신체 표현 등에서 금동연가7년명여래입상(국보 제119호)의 양식을 계승하고 있지만, 강인한 기품이 줄어들고 유연하면서 세련된 모습이 나타나고 있다.

국보 제118호
금동미륵보살반가사유상

분류	유물 / 불교조각
	금속조 / 불상
수량/면적	1구
소재지	서울시 용산구
	이태원로55길 60-16
시대	삼국
소유	개인소장
관리	삼성미술관 리움

1944년 평양시 평천리에서 공사를 하던 중 출토된 작은 보살상으로 높이 17.5㎝이다. 전면에 녹이 많이 슬었고 오랫동안 흙 속에서 침식된 흔적이 뚜렷하며, 불에 탄 흔적이 많이 남아 있다. 삼국시대에 유행하던 반가상은 오직 백제와 신라에서만 그 유례를 찾아볼 수 있었는데, 이 보살상으로 새롭게 고구려의 예를 확인할 수 있어 주목된다.

머리에는 산 모양의 삼산관을 쓰고 있으며 고개를 약간 숙여 생각에 잠겨 있는 모습이다. 얼굴은 네모난 형으로 눈을 반쯤 감고 있고, 입가에는 엷은 미소가 번져난다. 상체에는 옷을 입고 있지 않아서 잘록한 허리가 그대로 드러나며, 하체에는 치마를 걸치고 있다. 치마에는 무릎 위쪽으로 선으로 새긴 주름의 형태만 간략히 묘사하다가 대좌를 덮으면서 자연스럽게 늘어져 여러 겹의 수직 주름을 형성하고 있다. 연꽃무늬 대좌 위에 왼발을 내려놓고 오른발은 왼쪽 무릎 위에 얹은 채 왼손으로 발목을 잡고 있다. 오른쪽 팔꿈치를 오른쪽 무릎에 대고 있는데 팔과 손이 떨어져 나가 원래의 모습은 알 수 없다. 하지만 손으로 턱을 고고 생각에 잠겨 있는 모습이었을 것으로 짐작된다.

전체적으로 얼굴이 큰 편이나 가냘픈 몸매와 묘한 대조를 이루면서 생각에 잠긴 보살의 모습을 특징적으로 표현하고 있다. 만든 연대는 6세기 후반으로 추정되며, 출토지가 확실한 고구려의 반가사유상으로 주목되는 작품이다.

국보 제136호
금동 용두보당

절에서 사찰의 영역을 표시하거나 장엄, 의식용으로 거는 깃발을 달아두는데, 이 깃발을 매달아두는 장대를 당간이라 하며, 이를 양쪽에서 지탱해 주는 두 기둥을 당간지주라 한다.

장대 모양의 이 당은 꼭대기에 용의 머리모양이 장식되어 있어 용두보당이라 한다. 청동으로 만들어졌으며 높이 73.8cm의 작은 크기로, 2층의 기단 위에 두 개의 기둥을 세우고, 그 가운데에 당간을 세운 모습이다. 당간은 8개의 원통이 서로 맞물려 이어져 있는데, 여덟 번째의 원통에는 용머리가 장식되어 있다. 용머리는 목에 비늘을 새겨 놓아 사실적으로 표현하고자 했으며, 뿔이 앞뒤로 생동감 있게 뻗쳐있어 더욱 힘차게 보인다. 표면 전체에 다갈색으로 얇게 옻칠을 하고 그 위에 금칠을 하였는데, 지금은 군데군데 그 흔적만 남아있다.

신라 이래 발달해온 당간 양식의 모습과 세련된 공예미를 보여주는 귀중한 유물로, 고려 시대에 제작된 것으로 추측된다. 보통 당간의 머리장식은 별로 남아있지 않은 현실에서 비록 법당 내부에 세워진 공예적 성격의 용두 보당이지만 당시 모습을 짐작하게 하는 좋은 자료가 되고 있다.

분류	유물 / 불교공예
	장엄구 / 장엄구
수량/면적	1개
소재지	서울시 용산구
	이태원로55길 60-16
시대	고려
소유	개인소장
관리	삼성미술관 리움

국보 제133호
청자 동화연화문
표주박모양 주전자

분류	유물 / 생활공예
	토도자공예 / 청자
수량/면적	1개
소재지	서울시 용산구
	이태원로55길 60-16
시대	고려
소유	개인소장
관리	삼성미술관 리움

고려 중기에 만든 청자 주전자로 높이 33.2cm, 밑지름 11.4cm이다. 표주박 모양의 몸통에 표면은 연잎으로 둘러싼 형태이다. 꽃봉오리 모양의 마개를 하고 있으며, 잘록한 목 부분에는 동자가 연봉 오리를 두 손으로 껴안아 들고 있는 모습과 연잎으로 장식하였다. 손잡이는 덩굴을 살짝 구부려 붙인 모양으로 위에 개구리 한 마리를 앉혀 놓았다. 물이 나오는 아가리는 연잎을 말아 붙인 모양이다.

고려청자에 붉은색을 띠는 진사를 곁들이는 장식 기법은 12세기 전반에도 있었으나, 진사로 무늬를 대담하게 장식한 작품은 13세기 이후에 나타난 것으로 여겨진다. 연잎 가장자리와 잎맥을 진사로 장식한 이 작품은 경기도 강화 최항의 무덤에서 출토된 것으로, 고려 고종(재위 1213~1259) 때 작품으로 추정된다. 진사의 빛깔이 뛰어나 고려청자 역사상 귀중한 자료가 된다.

국보 제134호
금동보살삼존입상

분류	유물 / 불교조각
	금속조 / 보살상
수량/면적	1구
소재지	서울시 용산구
	이태원로55길 60-16
시대	백제
소유	개인소장
관리	삼성미술관 리움

강원도 춘천에서 출토된 것으로 전해지는 이 보살상은 하나의 광배에 삼존상을 배치한 형식이며, 불신, 광배, 대좌가 함께 붙어 있는 독특한 작품이다.

본존인 보살은 머리에 관을 쓰고 있으며 얼굴은 둥근 편이다. 가슴에는 대각선으로 내의를 얇게 걸쳐 입었고, 두껍게 걸쳐 입은 겉옷은 보살상의 앞면에서 'X' 자로 교차되었다가 새의 날개깃처럼 좌우로 퍼지고 있다. 치마는 발목까지 길게 늘어졌으며, 약간의 주름을 선으로 표현하였다. 손 모양은 오른손을 어깨 높이로 올려 손바닥을 밖으로 보이고 있으며, 왼손은 손가락이 밑을 향하고 마지막 두 손가락을 구부리고 있는 모습이다. 머리를 깎고 합장한 채 서 있는 두 나한상은 두꺼운 옷을 입고 있어서 세부 묘사나 옷 주름의 특징을 살피기가 어렵다.

보살상 뒤의 광배는 가장자리에 도드라진 테를 두른 배 모양이며, 머리 광배와 몸 광배를 3줄의 선으로 표현하고 있다. 머리 광배 안에는 연꽃무늬가 새겨져 있고, 머리 광배와 몸 광배의 바깥쪽에는 섬세한 불꽃무늬가 새겨져 있다.

보살상이 서 있는 대좌에는 큼직한 연꽃무늬를 이중의 선으로 새기고 있다. 대좌를 이러한 양식으로 표현하는 것은 부여 부소산에서 출토된 정지원명 금동석가여래입상(보물 제196호)이나 금동미륵보살반가상(국보 제83호)과 비슷하여 백제시대 작품일 가능성을 제시하지만 그 표현에 있어서는 더 섬세한 면이 있다.

이 작품은 'X'자로 교차된 옷, 새의 날개깃처럼 퍼진 옷자락, 왼손 손가락을 굽힌 표현 등에서 삼국시대 불상의 전형적인 양식을 보여주고 있다. 또한 보살상을 중심에 두고 양옆에 나한상을 배치한 것은 우리나라에서 처음으로 보이는 수법으로 중요한 가치를 지닌다.

국보 제137-1호
대구 비산동 청동기 일괄-
검 및 칼집 부속

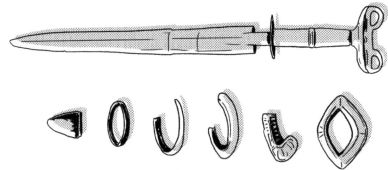

분류	유물 / 생활공예
	금속공예 / 무구
수량/면적	일괄
소재지	서울시 용산구
	이태원로55길 60-16
시대	미상
소유	개인소장
관리	삼성미술관 리움

대구시 북부 비산동에 있는 초기 철기시대 무덤 유적에서 나온 유물이다. 동검은 전형적인 세형동검으로 칼 끝이 예리하고 칼 몸 끝까지 등날이 세워져 있다. 모양은 가운데 마디가 있고 칼자루 끝에는 물새 두 마리가 머리를 돌리고 서로 바라보는 모습을 하고 있다. 이러한 장식은 이미 평양 부근에서 출토된 적이 있는 것으로 북방지역 청동기 문화와의 연관성을 나타내고 있다. 검은 색조의 청동 검은 칼자루의 표면은 광택이 있으며 그 밖의 다른 세부 조각이나 장식은 없다.

이외에 부속품으로 칼자루 장신구, 칼집 부속구, 칼끝 장신구 등과 기타 파편들이 있다. 칼자루 장신구는 평면이 은행알처럼 생긴 타원형 장신구로서 둘레에는 평행선 무늬가 연속해서 새겨져 있다.

칼집 부속구는 청동으로 된 타원형 고리로, 목재 칼집을 보강하고 장식하기 위해 사용된 것으로 생각된다. 이 동검은 칼과 손잡이 칼끝 장식이 별개로 만들어진 점으로 보아 제작자가 한반도 남쪽 지방으로 추정된다.

국보 제138호
전 고령 금관 및 장신구 일괄

경상북도 고령에서 출토되었다고 전해지는 가야의 금관과 부속 금제품이다. 금관은 높이 11.5㎝, 밑지름 20.7㎝로 머리에 두르는 넓은 띠 위에 4개의 풀꽃 모양 장식이 꽂혀 있는 모습이다.

넓은 띠에는 아래위에 점을 찍었으며, 원형 금판을 달아 장식하였다. 드문드문 굽은 옥이 달려 있으나 출토된 뒤에 단 것이라고 한다. 풀꽃 모양 장식은 대칭되는 네 곳에 금실로 고정시켰는데 드문드문 원형 금판을 달았다. 부속 금제품은 원형, 은행형, 꽃형, 곡옥 외에도 금환, 드리개(금제 수식)들이 섞여 있어서, 부속품들이 금관의 어느 부분에 어떤 모양으로 붙었는지는 분명하지 않다. 금관의 풀꽃 모양 장식은 나주 독무덤(옹관묘) 출토의 백제 금동관과 같은 형식이지만, 경주에서 출토되는 금관과는 다른 형식이라 흥미롭다. 또한 이 금관에서 주목되는 부분은 금관 장식인데, 끝을 펜촉처럼 다듬은 4개의 풀꽃 모양 장식을 세우고, 그 양옆에 뿔처럼 튀어나오게 만든 돌기를 달아 굽은 옥을 걸 수 있게 하였다는 점이 특이하다.

분류	유물 / 생활공예 금속공예 / 장신구
수량/면적	일괄
소재지	서울시 용산구 이태원로55길 60-16
시대	삼국
소유	개인소장
관리	삼성미술관 리움

국보 제139호
김홍도필 군선도 병풍

조선 후기 화가인 단원 김홍도가 그린 도석인물화이다. 도석인
물화란 불교나 도교에 관계된 초자연적인 인물상을 표현한 그
림이다.

이 그림은 원래는 8폭의 연결된 병풍 그림이었으나 지금은 8폭
이 3개의 족자로 분리되어 있다. 이 그림은 모두 연결한 상태에
서 가로 575.8㎝, 세로 132.8㎝의 크기이며, 그것이 분리된 3개
의 족자는 가로 48.8㎝, 세로 28㎝ 내외이다. 종이 바탕에 먹을
주로 사용하고 청색, 갈색, 주홍색 등을 곁들여 채색하였다. 여기
서 묘사된 신선들의 명칭을 단정할 수는 없지만 오른쪽에 외뿔소
를 타고 도덕경을 들고 있는 노자를 선두로 복숭아를 든 동방삭
등의 신선들과 동자들이 모두 3무리로 나뉘어 있다. 인물들의 시
선과 옷자락이 모두 왼쪽을 향하고 있고 그 방향으로 갈수록 인

분류	유물 / 일반회화
	인물화 / 인물화
수량/면적	8연폭
소재지	서울시 용산구
	이태원로55길 60-16
시대	조선
소유	개인소장
관리	삼성미술관 리움

물의 수를 점차 줄어들게 하여 화면의 전개와 보는 이의 시선을
자연스럽게 유도하고 있다. 인물의 윤곽을 굵은 먹선으로 빠르고
활달하게 묘사한 뒤 얼굴과 손, 물건들은 가는 붓으로 섬세하게
처리하여 인물들의 표정을 살렸다.

아무런 배경 없이 인물을 나열한 구성과 감정이 살아 있는 듯한
인물들의 묘사, 그리고 얼굴의 둥근 눈매 등은 그의 풍속인물화
에서 많이 볼 수 있는 특징이다. 비록 화본에 따라 그렸으나 호방
한 필치로 독특한 인물 묘사를 한 작품이다. 이러한 그의 화풍은
후에 김득신, 이명기 등으로 이어져 조선 후기 신선도에 많은 영
향을 주었다.

국보 제140호
나전 화문 동경

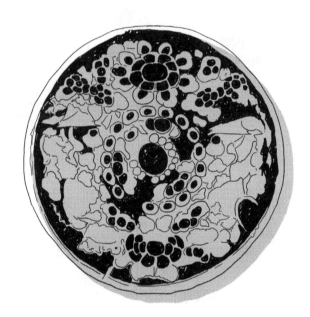

가야 지역에서 출토되었다고 전해지는 나전기법으로 만든 거울로 지름 18.6㎝, 두께 0.6㎝이다.

우리나라에서 발견된 가장 오래된 나전 공예품으로, 이와 같은 나전기법으로 만든 거울이 일본 정창원에 보관되어 있어 특히 주목된다.

거울 뒷면 가장자리에는 둥글게 구슬 모양의 띠를 두르고 그 안에 작은 꽃 모양들이 있고, 꽃잎 안에는 호박을 박아 놓았다. 뒷면 전체에 화려한 모란문을 장식하고 좌우에 각각 사자와 새를 배치하였는데, 문양 사이에는 두꺼운 칠을 한 푸른색 옥을 박았다.

정창원 소장 나전 거울과 유사한 8~10세기 경에 만들었을 것으로 추정되며, 우리나라에서 가장 오래된 나전 공예품으로서 가치가 있다.

분류	유물 / 생활공예 금속공예 / 장신구
수량/면적	1개
소재지	서울시 용산구 이태원로55길 60-16
시대	미상
소유	개인소장
관리	삼성미술관 리움

국보 146호
전 논산 청동방울 일괄

청동기시대 의식을 행할 때 흔들어 소리를 내던 청동 방울로, 충
청남도 논산에서 발견된 것으로 알려져 있다. 8각형 별 모양으로
각 모서리에 방울이 달린 팔주령 2점, 포탄 모양의 간두령 2점, X
자 모양으로 교차된 조합식 쌍두령 1점, 아령 모양의 쌍두령 2점
이 발견되었다.

팔주령은 8각형 별 모양으로 각 모서리에 방울이 하나씩 달린 형태
이다. 방울 부분은 길게 구멍이 나 있으며 그 안에 청동 구슬이 들어
있어 흔들면 소리가 나도록 구성되었다.

소리를 내는 용도로 보아 청동기시대 만든 의식용 유물들로 추정되
며 정교한 제작 솜씨를 통해 당시의 발달된 주조 기술은 물론이고,
신앙이나 의식 연구에도 도움을 주는 중요한 유물들이다.

분류	유물 / 생활공예 금속공예 / 무속구
수량/면적	일괄
소재지	서울시 용산구 이태원로55길 60-16
시대	미상
소유	개인소장
관리	삼성미술관 리움

국보 제169호
청자 양각죽절문 병

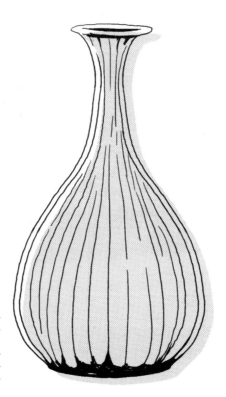

분류	유물 / 생활공예
	토도자공예 / 청자
수량/면적	1개
소재지	서울시 용산구
	이태원로55길 60-16
시대	고려
소유	개인소장
관리	삼성미술관 리움

고려 시대에 만들어진 청자병으로 높이 33.8㎝, 입지름 8.4㎝, 밑지름 13.5㎝이다. 아가리는 나팔처럼 넓게 벌어졌고, 목은 길며 몸통 아랫부분은 풍만하다. 목에서 몸통 아랫부분까지 대나무를 양각하였고, 대나무 마디는 두 줄의 음각선으로 표현하였다. 유약은 맑은 연녹색을 띠며 약간의 빙렬이 있다. 아가리에서 아랫부분까지 부드럽고 유연하게 내려온 아름다운 곡선이 운치가 있으며 몸통 아랫부분의 풍만함이 안정감을 주고 있다.

대나무를 모아 만든 형태로, 밑에서 위로 뻗은 대나무는 어깨 부위를 지나며 두 줄기가 한 줄기로 합쳐져 매우 좁고 긴 목을 이룬다. 눈에 띄지 않지만 긴 목부분의 번잡함을 능숙하게 처리하였다.

국보 제171호
청동 은입사 봉황문 합

고려 시대에 만들어진 뚜껑이 있는 그릇(합)으로 높이 9.9㎝, 아가리 지름 18.3㎝의 크기이다. 고려 시대에 크게 유행한 문양을 파내고 은실을 박아 장식하는 은입사 기법을 사용하여 제작한 그릇으로, 아래 몸통과 뚜껑의 크기가 같아 안정감 있게 보인다.

뚜껑과 몸통 위·아래 가장자리는 모를 깎아 둥글게 처리하였는데, 이러한 형식은 고려 시대 철기, 자기, 상자, 합들에서 많이 보이는 양식이다. 뚜껑 윗면 중앙에 봉황이 있고, 그 주위에 꽃무늬와 덩굴무늬로 장식하였다. 바깥 가장자리의 경사면에는 은입사 기법으로 덩굴무늬를 장식했다. 뚜껑과 몸통의 측면에는 양식화된 덩굴무늬가 있다.

전면을 가득히 채워 정교한 수법의 은입사 기법으로 정교한 문양을 새긴 점에서, 은입사 기법이 한창 성행하였던 11~12세기경에 만들어진 것으로서 용도 면에서 사찰에서 사용된 향합으로 추측된다.

분류	유물 / 생활공예 금속공예 / 청동용구
수량/면적	1개
소재지	서울시 용산구 이태원로55길 60-16
시대	고려
소유	개인소장
관리	삼성미술관 리움

국보 제172호
진양군 영인 정 씨 묘 출토유물

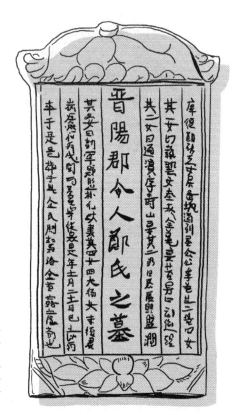

분류	유물 / 생활공예
	토도자공예 / 백자
수량/면적	3개
소재지	서울시 용산구
	이태원로55길 60-16
시대	조선
소유	개인소장
관리	삼성미술관 리움

경상남도 거창군 북상면에 있는 진양군 영인 정 씨의 무덤에서 편병, 접시, 대접, 잔, 묘지 등 조선백자 10점이 출토되었다. 진양군 영인 정 씨는 조선 세조 때 언양 현감을 지낸 김윤의 어머니로 진양군은 출신 지역이고 영인은 4품 벼슬 관리의 부인에게 주는 칭호를 말한다.

고려 백자의 계통을 이어받은 특이한 모양으로, 경상도 지방의 백자 가마에서 제작되었으리라 추정된다. 잔은 순백자로 손잡이가 있으며, 잔 받침도 갖추어져 있다. 조선 전기 백자 중 톱니바퀴 모양의 손잡이는 희귀한 편으로, 무덤에 함께 묻기 위해 만들어진 듯하다.

국보 제174호
금동 수정 장식 촛대

통일신라시대 만들어진 높이 36.8㎝, 밑지름 21.5㎝의 수정이 박힌 금동제 촛대 한 쌍이다.

전체적인 형태는 6장의 꽃잎 모양을 한 받침이 기둥 줄기를 사이에 두고 아래위로 놓여 있다. 아래 받침에는 꽃 모양의 고리로 고정시킨 6개의 짐승 모양의 다리가 받치고 있다. 윗받침의 중앙에는 짧은 줄기가 솟고 그 위에 이중의 꽃잎으로 이루어진 반원 모양의 받침이 있으며, 위쪽으로는 원통형의 초꽃이가 있다. 받침대 표면에는 양각과 음각의 수법으로 조각을 하였고 곳곳에 수정을 박아 장식하였는데, 지금은 많이 없어지고 도금이 벗겨진 곳도 있다.

출토지는 알 수 없으나 전체적으로 화려하고 장식적인 요소가 돋보이는, 통일신라 금속 공예의 일면을 보여주는 유물이다.

분류	유물 / 생활공예
	금속공예 / 생활용구
수량/면적	1쌍
소재지	서울시 용산구
	이태원로55길 60-16
시대	통일신라
소유	개인소장
관리	삼성미술관 리움

국보 제196호
신라백지묵서 대방광불화엄경
주본 권 1~10, 44~50

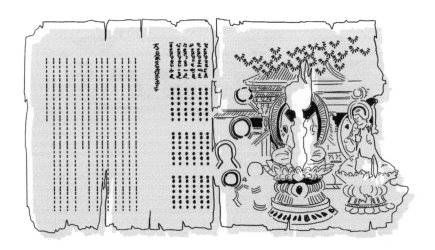

분류	기록유산 / 전적류
	필사본 / 사경
수량/면적	2축
소재지	서울시 용산구
	이태원로55길 60-16
시대	통일신라
소유	개인소장
관리	삼성미술관 리움

대방광불화엄경은 줄여서 '화엄경'이라고도 한다. 부처와 중생은 둘이 아니라 하나라는 것을 기본 사상으로 하고 있다. 화엄종의 근본경전으로 법화경과 함께 한국 불교사상 확립에 크게 영향을 끼친 불교 경전 가운데 하나이다.

이 책은 우리나라에서 가장 오래된 사경(경문을 쓰고 그림을 그려 장엄하게 꾸민 불경)으로 두루마리 형태이며 크기는 세로 29㎝, 가로 1390.6㎝이다.

신라 경덕왕 13년(754)에 연기법사가 간행을 시작하여 다음 해인 755년에 완성한 것으로, 사경을 만드는 일에 참여한 19명의 사람에 대해 자세히 적고, 사경 제작 방법과 그에 따른 의식 절차를 적은 간행 기록이 남아 있다. 이는 사경이 신라시대부터 경전 신앙의 차원에서 성립되었음을 알려주는 중요한 자료이며, 이두식 표현의 문장 역시 이 사경의 특색이다.

책머리에는 금색으로 불경의 내용을 요약해 그린 변상도가 있고, 신장상, 불보살, 꽃, 풀 등이 그려진 표지에 해당하는 그림이 있다. 본래 1장이던 그림이 2조각 났지만 신라시대의 유일한 회화 자료로 중요한 가치가 있다.

이 책은 화엄사를 창건한 연기법사가 간행한 것이다. 신라 화엄사상을 알 수 있는 자료로 신라시대 문헌으로는 유일한 것이며, 당시 불교뿐 아니라 서지학, 미술사 등에서도 자료적 가치가 크다.

국보 제210호
감지은니불공견삭신변진언경
권 13

이 책은 검푸른 색의 종이에 은가루를 사용해서 직접 불경의 내용을 옮겨 적은 것으로, 두루마리처럼 말아서 보관할 수 있도록 되어 있다. 전체 30권 중 권 13에 해당하는 것으로 크기는 세로 30.4cm, 가로 905cm이며, 일본으로 유출되었던 것을 되찾아온 것이다.

책 앞의 제목 끝에는 천자문의 한 글자인 '모'자가 표시되어 있어 천자 함(천자문의 순서에 따라 책의 번호를 매기는 방법)을 사용했음을 알 수 있으며, 더불어 이 책이 대장경 중의 하나임을 알 수 있다. 책의 첫머리에는 불법을 수호하는 신장상을 금색의 가는 선으로 그렸고, 이어 경전의 내용을 은색 글씨로 썼다. 책 끝에는 고려 충렬왕 1년(1275)에 왕의 주도하에 만들어진 경전이며, 삼중대사 안체가 글씨를 썼다는 기록이 남아있다.

고려시대 왕에 의해 만들어진 이런 종류의 경전이 여러 종 전래되고 있지만 이 책이 가장 먼저 만들어졌다는 점에서 주목된다. 신장상을 갖추고 만들어진 기록까지 모두 갖추고 있는 점도 높게 평가되며, 정교한 그림과 정성 어린 글씨는 이 책의 품위를 한층 더 높여준다.

분류	기록유산 / 전적류
	필사본 / 사경
수량/면적	1권1축
소재지	서울시 용산구
	이태원로55길 60-16
시대	고려
소유	개인소장
관리	삼성미술관 리움

국보 제214호
흥왕사명 청동 은입사 향완

분류	유물 / 불교공예
	공양구 / 공양구
수량/면적	1점
소재지	서울시 용산구
	이태원로55길 60-16
시대	고려
소유	개인소장
관리	삼성미술관 리움

향을 담아 피우는 향로 가운데 이처럼 나팔처럼 벌어진 다리가 달린 향로를 고려 시대에는 특별히 향완이라 불렀다. 이 향로는 높이 40.1㎝, 입 지름 30㎝의 크기로 받침, 몸체, 입 3부분으로 되어있다. 입은 수평으로 넓게 퍼진 테를 가진 전이 있으며, 그전을 구슬 무늬로 장식하고 연꽃과 덩굴무늬를 새기고 은을 입혔다. 몸체에는 대칭되는 위치에 꽃으로 창을 만들고 그 안에 용과 봉황을 세밀하게 은입사하였다. 남은 공간에는 갈대와 연꽃을 새기고 위에는 기러기를 새기고, 밑에 오리를 새겨 은을 입혔다.

나팔형 받침은 위의 가장자리를 쌍선으로 굵게 표시하고, 위로 오르면서 덩굴무늬를, 하단에는 풀 무늬를, 굽에는 꽃무늬를 은입사하였다. 은입사 문양은 모두 뛰어난 솜씨를 보여줄 뿐 아니라 회화적 가치도 아주 높다. 받침의 굽을 돌아가며 34자의 명문을 새겼는데 기축년의 간지를 통해 이 향로가 1229년쯤에 개풍군 흥왕사용으로 제작된 것임을 알려준다. 용과 봉황의 모습을 인입자로 세련되게 장식하였고 제작 연대를 알 수 있다는 점에서 고려향로 가운데 중요한 작품이다.

국보 제213호
금동탑

분류	유물 / 불교공예
	장엄구 / 장엄구
수량/면적	1점
소재지	서울시 용산구
	이태원로55길 60-16
시대	고려
소유	개인소장
관리	삼성미술관 리움

286

이 금동탑은 의장이 화려하고 정교한 면에서 법당 내에 모셔둔 사리탑의 일종으로 추측된다. 지금까지 알려진 금동탑은 대개 높이가 20~30㎝ 정도이고, 50㎝가 넘는 것이 극히 드문데, 이 탑은 현재 높이만도 155㎝로 규모가 큰 편이다. 더구나 현재 남아있는 탑신은 5층이지만 원래는 7층 정도였을 것으로 보이고, 머리장식의 일부가 사라진 것으로 보아 원래 높이는 지금보다도 더 높았을 듯하다.

2층의 기단 위에 5층의 탑신을 세우고 꼭대기에 머리장식을 꾸민 탑으로, 석탑의 일반형을 그대로 따르고 있다. 기단에는 네 모서리와 각 면에 목조건축에서 볼 수 있는 기둥 모양을 가지런히 새겨두었다. 아래층 기단의 각 면에는 둥근 테를 두른 연꽃잎이 새겨져 있는데, 이는 고려 시대 석탑 양식의 특징을 뚜렷이 보여주는 부분이다.

기단 위에 난간을 두르고 탑신을 세웠으며, 1층 탑신에 출입문과 기둥을 두고 그 위에 지붕을 얹는 등 목조건축의 양식을 그대로 따르고 있다. 2~5층의 탑신에는 모두 불상을 새겼지만 조각은 그리 뛰어나지 못하다. 지붕의 모서리마다 풍탁을 달았으나 일부는 결실되고 현재는 몇 군데에만 매달려 있는 상태이다.

표면의 금칠은 거의 벗겨져 남아있지 않지만 전체적으로 보존이 잘 된 작품으로, 넓게 짜인 기단에 비해 탑신은 경쾌하게 날아오르는 듯하다. 각 부분에 꾸밈이 많은 점이나, 탑에 매달린 장식들이 많은 점 등에서 공예탑의 성격이 분명히 드러나면서도 목조건물의 형식을 충실히 따르고 있다.

대형의 금속공예품이면서 세부 표현이 정교한 점에서 고려 전기에 제작된 것으로 추측된다.

국보 제215호
감지은니대방광불화엄경
정원본 권 31

대방광불화엄경은 줄여서 '화엄경'이라고 부르기도 하는데, 부처와 중생이 둘이 아니라 하나라는 것을 기본 사상으로 하고 있다. 화엄종의 근본경전으로 법화경과 함께 한국 불교사상 확립에 크게 영향을 끼친 불교 경전 가운데 하나이다. . 고려 충숙왕 복위 6년(1337)에 최안도 부부가 부모와 자기 부부의 복을 증진시키고 재앙을 없애며, 내세의 극락왕생을 기원하여 교연 스님의 도움을 받아 만든 것이다.

검푸른 종이에 금·은가루를 사용하여 그림을 그리고 글씨를 썼으며, 두루마리 형태로 되어 있다. 펼쳤을 때의 크기는 세로 31cm, 가로 881.7cm이다. 표지에는 금색으로 그려진 화려한 꽃무늬가 장식되어 있고, 책의 이름과 정원본임을 뜻하는 '정'자가 역시 금색으로 쓰여 있다. 책의 첫머리에는 책을 만들게 된 경위가 쓰여 있으며, 이어 책의 내용을 요약하여 묘사한 변상도가 금색으로 세밀하게 그려져 있다. 이 책은 격식이 제대로 갖추어져 있고, 기법이 우수하여 개인의 공덕을 기리기 위해 만든 것 가운데서는 뛰어난 작품이다.

분류	기록유산 / 전적류
	필사본 / 사경
수량/면적	1권1축
소재지	서울시 용산구
	이태원로55길 60-16
시대	고려
소유	개인소장
관리	삼성미술관 리움

국보 제216호
정선필 인왕제색도

조선 후기 화가인 겸재 정선(1676~1759)이 비 온 뒤의 인왕산 모습을 그린 그림으로 크기는 가로 138.2㎝, 세로 79.2㎝이다. 직접 인왕산을 보고 그렸는데, 비 온 뒤 안개가 피어오르는 인상적 순간을 포착하여 그 느낌을 잘 표현하였다. 산 아래에는 나무와 숲, 그리고 자욱한 안개를 표현하고 위쪽으로 인왕산의 바위를 가득 배치하였다. 산 아래는 위에서 내려다보는 시선으로 그리고, 산 위쪽은 멀리서 위로 쳐다보는 시선으로 그려 바로 앞에서 바라보는 듯한 생생한 현장감을 주고 있다. 비에 젖은 뒤편의 암벽은 거대하고 무거운 느낌을 주는데, 이를 위해 먹물을 가득 묻힌 큰 붓을 반복해서 아래로 내리긋는 대담한 필치를 사용하였다. 좀 더 가까이에 있는 능선과 나무들은 섬세한 붓질과 짧게 끊어 찍은 작은 점으로 실감 나게 표현하고 있다.

조선 영조 27년(1751)에 그려진 이 그림은 이제까지의 산수화가 중국의 것을 모방하여 그린 것에 반하여 직접 경치를 보고 그린 진경산수화일 뿐만 아니라 그 화법에 있어서도 우리나라의 산수를 너무나도 잘 표현하였다. 따라서 그의 400여 점의 유작 가운데 가장 크고 그의 화법이 잘 나타난 조선 후기 진경산수화를 대표하는 걸작으로 평가된다.

분류	유물 / 일반회화 산수화 / 산수화
수량/면적	1축
소재지	서울시 용산구 이태원로55길 60-16
시대	조선
소유	개인소장
관리	삼성미술관 리움

국보 제217호
정선필 금강전도

분류	유물 / 일반회화
	산수화 / 산수화
수량/면적	1축
소재지	서울시 용산구
	이태원로55길 60-16
시대	조선
소유	개인소장
관리	삼성미술관 리움

조선 후기 우리나라의 아름다운 강산을 실제로 보고 그리는 진경
산수화풍을 연 겸재 정선(1676~1759)이 영조 10년(1734)에 내금
강의 모습을 그린 작품이다.

내금강의 실경을 수묵담채로 그렸으며 크기는 가로 94.5㎝, 세로
130.8㎝이다. 전체적으로 원형 구도를 이루고 있고 위에서 아래
로 내려다 본 모습이다. 눈 덮인 봉우리들은 위에서 아래로 내리
긋는 수직 준법을 이용하여 거칠고 날카로운 모습으로 표현하였
고, 이와 함께 위쪽에는 비로봉이 우뚝 솟아 있으며, 화면 중심으
로는 만폭동 계곡이 위에서 아래로 가로지르고 있다. 바위로 이
루어진 메마른 느낌의 봉우리들과는 대조적으로 왼편에는 무성
한 숲을 이룬 부드러운 토산이 놓여 있는데, 이는 붓을 옆으로 눕
혀 점을 찍는 방식으로 나타내었다. 화면의 윗부분에는 그림의
제목과 함께 작가의 호, 그림에 대한 감상 등이 적혀 있다.

당시의 산수화는 주로 중국 산수화를 보고 그린 것인데 반해 이
그림은 직접 우리나라의 실경을 보고 그린 것으로 정선이 그린
금강산 그림 가운데에서도 가장 크고, 그의 진경산수화풍이 잘
드러난 걸작이라 할 수 있다.

국보 제218호
아미타삼존도

분류	유물 / 불교회화
	탱화 / 불도
수량/면적	1폭
소재지	서울시 용산구
	이태원로55길 60-16
시대	고려
소유	개인소장
관리	삼성미술관 리움

아미타불을 주존으로 하고 그 옆에 관음보살과 지장보살이 있는 아미타삼존도로 가로 51㎝, 세로 110㎝ 크기의 불교 그림이다. 아미타삼존도란 중생을 보살펴 극락으로 인도하는 부처인 아미타불을 주존으로 하여 보통 관음보살과 세지보살이 협시 되는데, 이 그림에서는 지장보살이 세지보살을 대신하고 있는 점이 매우 특이하다.

아미타불은 화면 아래에 극락 왕생한 사람을 바라보며 빛을 비추고 있고 오른쪽에 있는 지장보살은 오른손에 구슬을 들고 서 있다. 관음보살은 아미타불 앞에 나와 허리를 약간 구부리고 손위에 연꽃 대좌를 들고 있는 모습이며, 금가루로 나타낸 선은 화려한 붉은색과 녹색의 옷이 조화를 이룬다.

고려 후기에 그려진 것으로 추정되는 이 그림은 세지보살 대신 지장보살을 배치한 것이나, 아미타불의 앞에 관음보살을 배치한 점, 극락 왕생한 사람을 빛을 비추어 강조한 점 등에서 독특한 형식을 보여주고 있다. 또한 금가루를 이용한 화려한 채색과 세련된 얼굴 표정의 표현기법이 일찍이 유례가 없는 솜씨를 보여주는 매우 귀중한 작품이다.

국보 제219호
백자 청화매죽문 항아리

분류	유물 / 생활공예
	토도자공예 / 백자
수량/면적	1개
소재지	서울시 용산구
	이태원로55길 60-16
시대	조선
소유	개인소장
관리	삼성미술관 리움

조선 전기에 제작된 높이 41㎝, 아가리 지름 15.7㎝, 밑 지름 18.2㎝인 청화백자 항아리이다. 아가리는 안으로 약간 오므라들었으며, 몸통 윗부분이 불룩하고 아랫부분이 잘록하게 좁아졌다가 살짝 벌어진 형태이다. 아가리 맨 위쪽에 두 줄의 가로선이 있고, 그 아래에 꽃무늬와 이중의 원무늬를 번갈아 그렸고 아래쪽으로 다시 한 줄의 가로선을 둘렀다. 어깨 부위에는 장식적이면서 화려한 연꽃무늬가 있고, 굽 바로 위쪽에도 같은 문양을 배치하였다. 중심 문양으로는 매화와 대나무가 몸통 전체에 그려졌는데, 가지가 교차하는 매화와 그 사이사이의 대나무 표현이 세밀하며 뛰어나다. 특히 윤곽선을 먼저 그리고, 그 안에 색을 칠하는 구륵진 채법이 돋보인다.

이 백자는 문양의 표현 기법과 색, 형태 면에서 아름다운 항아리이며, 구도와 소재면에서 중국 명나라 청화백자의 영향을 받았음을 알 수 있다. 15세기 중엽 초기에 경기도 광주에서 제작된 것으로 추정된다.

국보 제220호
청자 상감용봉모란문 합 및 탁

고려 시대 만들어진 뚜껑이 있는 청자대접으로 높이 19.3㎝, 아가리 지름 18.5㎝, 밑 지름 6.8㎝이다.

뚜껑과 받침, 수저까지 완전하게 갖추어진 유물로서, 뚜껑에 다람쥐 모양의 꼭지를 만들었다. 다람쥐를 중심으로 그 아래에 흑백 상감의 겹 연꽃무늬 띠와 물결무늬 띠를 두었고 그 밑으로 봉황과 용이 새겨있다. 그릇 안에 수저를 꽂았을 때 뚜껑과 사발의 사이가 뜨지 않도록 뚜껑의 한쪽 귀퉁이에 홈을 파 놓았으며, 대접 아가리의 가장자리에는 번개무늬 띠를 두르고 그 아래로 학과 구름무늬를 규칙적으로 새겼다. 표면에는 두 겹의 원을 그리고, 그 안에 모란을 흑백 상감으로 장식하였으며 나머지 여백은 국화무늬로 메우고 있다. 유약은 부분적으로 황록색을 띠지만 대체로 맑은 편이다.

뚜껑, 대접, 받침 전면에 걸쳐 상감되어 있는 문양 표현이 돋보이며, 당시의 상감 문양이 거의 망라되어 있어 이 유물이 왕족 계층에서 사용되었을 것으로 추정된다.

분류	유물 / 생활공예
	토도자공예 / 청자
수량/면적	1조
소재지	서울시 용산구
	이태원로55길 60-16
시대	고려
소유	개인소장
관리	삼성미술관 리움

국보 제234호
감지은니묘법연화경

묘법연화경은 줄여서 '법화경'이라고 부르기도 하는데, 우리나라 천태종의 근본경전으로 부처가 되는 길이 누구에게나 열려 있음을 기본 사상으로 하고 있다. 화엄경과 함께 우리나라 불교사상의 확립에 가장 크게 영향을 끼쳤으며, 삼국시대 이래 가장 많이 유통된 불교 경전이다.

이 책은 후진의 구마라습이 번역한 것을 고려 충숙왕 17년(1330)에 이신기가 옮겨 쓴 것이다. 병풍처럼 펼쳐서 볼 수 있는 형태로 되어 있으며, 접었을 때의 크기는 세로 28.3cm, 가로 10.1cm이다. 표지에는 제목이 금색 글씨로 쓰여 있고, 주위에 4개의 화려한 꽃무늬가 금·은색으로 그려져 있다. 본문은 검푸른 색 종이 위에 은색 글씨로 썼으며, 곳곳에 손상을 입은 흔적이 보이기는 하지만 전반적으로 보존 상태가 양호하다.

분류	기록유산 / 전적류 필사본 / 사경
수량/면적	7권7첩
소재지	서울시 용산구 이태원로55길 60-16
시대	고려
소유	개인소장
관리	삼성미술관 리움

7권의 끝부분에 나오는 기록을 통해 이신기가 살아 계신 아버지의 장수와 돌아가신 어머니의 명복을 빌기 위해 만들었다는 것을 알 수 있다. 법화경을 정성껏 옮겨 쓴 경전들 중에 비교적 만들어진 연대가 빠르며, 특히 7권이 모두 갖추어져 있어 귀중한 자료로 평가된다.

국보 제243호
초조본 현양성교론 권 11

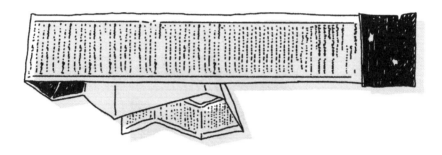

인도 무착보살이 지은 글을 당나라 현장이 번역하여 천자문의 순서대로 20권을 수록한 책으로, 고려대장경 가운데 처음 만든 본의 하나이다. 「현양성교론」은 줄여서 「현양론」이라고 하며, 또는 「광포중의론」이라고도 하는데 법상종의 논 가운데 하나로 「유가사지론」에서 중요한 내용을 드러내기 위해 쓰인 것이다.

권 11은 그 가운데 척자의 함에 들어 있는 것이 전래된 것으로, 가로 46.5㎝, 세로 28.6㎝이며 종이 질은 닥나무 종이이다.

처음 새겨진 이 본은 11세기에 간행하여 인출된 것이며, 후에 다시 새긴 본과는 판식과 간행 기록에 있어 차이가 있다. 판각 기술에 있어서는 이 본이 다시 새긴 본보다 훨씬 나은 편이다.

분류	기록유산 / 전적류
	목판본 / 대장도감본
수량/면적	1권1축
소재지	서울시 용산구
	이태원로55길 60-16
시대	고려
소유	개인소장
관리	삼성미술관 리움

국보 제252호
청자 음각'효문'명 연화문 매병

분류	유물 / 생활공예
	토도자공예 / 청자
수량/면적	1점
소재지	서울시 용산구
	이태원로55길 60-16
시대	고려
소유	개인소장
관리	삼성미술관 리움

고려 시대 만들어진 청자 매병으로 높이 27.7㎝, 아가리 지름 5.3㎝, 밑 지름 10.6㎝이다. 작고 나지막한 아가리가 달린 고려 시대의 전형적인 매병으로, 팽배하게 벌어진 어깨가 부드럽게 흘러내린 균형잡힌 모습을 보이고 있다.

무늬는 가는 선만으로 새겼는데, 어깨 위에는 꽃봉오리 띠를 둘러 공간을 나누고, 그 안에 연꽃 덩굴무늬를 넣었다. 몸통 전면 4곳에 연꽃 가지를 큼직하게 새겼는데, 연꽃, 연잎, 연줄기, 연밥으로 구성된 화려하고 사실적인 연꽃무늬이다. 밑 둥에는 겹 연꽃무늬와 번개무늬 띠가 있다.

이 청자는 고려청자 매병 가운데 모양과 무늬, 유약 색이 빼어날 뿐 아니라 그 제작지까지 확실하게 보여주는 예로, 12세기 비색 청자 절정기를 보여주는 작품이다.

국보 제255호
전 덕산 청동방울 일괄

충남 예산군에 있는 흥선 대원군 부친의 무덤 근처 구릉에서 출토된 여러 형태를 지닌 선사시대의 청동방울들이다. 제정일치 사회였던 청동기시대 후반 무렵 제사장들이 주술적 의미로 사용했던 것으로 보인다.

출토된 청동 방울에는 8각형 별 모양의 각 모서리 끝에 방울이 달려있는 팔주령 1쌍과 아령 모양의 쌍두령 1쌍, 포탄 모양의 간두령 1쌍 그리고 쌍두령과 비슷하나 X자 형태로 둥글게 한번 말려있는 조합식 쌍두령 1점이 있다.

팔주령 1쌍은 지름이 각각 14.4㎝ 와 14.3㎝이며 모서리 끝에 달린 방울들은 모두 지름이 2.4㎝로 1쌍이 서로 같은 모습을 하고 있다. 각 모서리 끝에는 작은 방울이 8개가 달려 있다. 각 방울에는 타원형 모양 구멍이 4개씩 있다. 몸체의 바깥쪽에 점선이 2~3줄 있고, 가운데에는 커다란 십자 문양이 있는데 이것은 태양을 상징하는 것으로 보인다. 이 유물들은 의기로서 중국에서 들어온 문화 양식에 의해 차츰 소멸해가던 기원전 3세기 후반의 작품들로 추정된다.

분류	유물 / 생활공예 금속공예 / 마구
수량/면적	일괄
소재지	서울시 용산구 이태원로55길 60-16
시대	청동
소유	개인소장
관리	삼성미술관 리움

국보 제258호
백자 청화죽문 각병

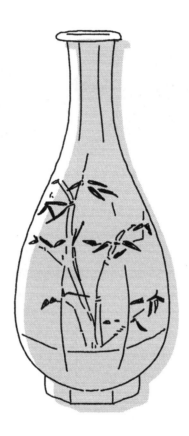

분류	유물 / 생활공예 토도자공예 / 백자
수량/면적	1점
소재지	서울시 용산구 이태원로55길 60-16
시대	조선
소유	개인소장
관리	삼성미술관 리움

조선시대 만들어진 백자로 몸통 전체를 모깎기 방법을 사용하여 8각의 모를 이룬 병으로, 높이 40.6 cm, 아가리 지름 7.6cm, 밑 지름 11.5cm이다. 길게 뻗은 목과 도톰한 아가리, 그리고 둥근 몸통과 높고 넓은 굽이 있다. 문양은 밝은 청화 안료를 써서 몸통 아랫부분에 선을 두르고, 대칭되는 양 면 중 한쪽 면에는 조그만 대나무 한 그루를, 다른 면에도 여러 그루의 대나무가 밀집해 있는 모습을 간결한 붓질 로 묘사하였다. 굽다리 측면에는 의미를 모르는 '정'이라는 글자가 새겨 있다.

모깎기 한 모양이나 간결한 청화 문양, 그리고 투명에 가까운 백자유로 보아 18세기 전반에 만든 것으 로 추정된다. 활달하면서 운치 있는 대나무 그림이 당시 선비들의 기개를 나타낸 듯한 격조에서 단연 이 무렵의 대표적인 백자 병으로 손꼽힌다.

국보 제261호
백자 유개항아리

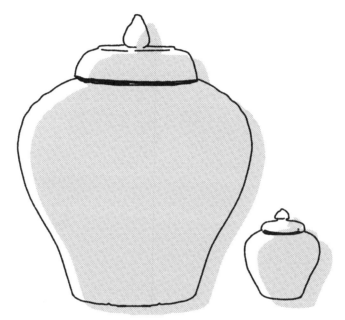

조선시대 만들어진 백자 항아리로 큰 항아리와 작은 항아리 두
개가 있다.

아가리 언저리는 밖으로 말아 붙였으며, 아가리 부분에서 서서히
벌어져 어깨 부위에서 팽배되었다가, 풍만하고 여유 있는 곡선을
그리며 서서히 줄어들며 바닥면에 이른다. 뚜껑의 윗면 중앙에는
연꽃 봉오리형 꼭지가 있어 손잡이가 되며, 그 주위로 낮은 층단
이 있다. 유약은 엷은 청색을 머금고 있으면서 내·외면에 고르게
씌워졌으며, 태토와 어우러진 표면의 색조는 유백색에 가깝다. 아
가리의 형태적 특징과 바탕흙, 유약, 표면의 색조, 구워낸 방법들
로 미루어 조선 초 경기도 광주에 있는 국가가 경영하는 가마에
서 만들어진 것으로 보인다. 이 백자 항아리는 조선 전기의 격조
와 유연성을 가지고 있는 뛰어난 품격의 작품이다.

분류	유물 / 생활공예
	토도자공예 / 백자
수량/면적	2점
소재지	서울시 용산구
	이태원로55길 60-16
시대	조선
소유	개인소장
관리	삼성미술관 리움

국보 제286호
백자 '천' '지' '현' '황'명 발

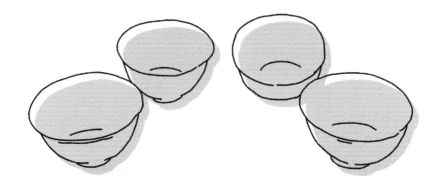

조선 전기에 만들어진 백자발 4점으로 크기는 높이 11.1㎝, 아가리 지름 21.1㎝, 밑 지름 7.9㎝ 내외이다.

아가리는 밖으로 벌어진 당당한 형태를 보여 주고 있다. 문양은 없고 유약은 잘 녹아 밝은 백색을 띠고 있다. 각각의 굽 안쪽 바닥에는 유약을 긁어서 '천, 지, 현, 황'이라는 글자를 새겼다. 이 글자들은 경복궁 근정전 주위에 왕실에서 쓰던 그릇을 보관하던 창고인, '천자고, 지자고, 현자고, 황자고'가 있어 그 용도를 구분했던 글자가 아닌가 추정된다.

분류	유물 / 생활공예 토도자공예 / 백자
수량/면적	4점
소재지	서울시 용산구 이태원로55길 60-16
시대	조선
소유	개인소장
관리	삼성미술관 리움

정선된 바탕흙을 사용하였고 고르게 입혀진 유약, 순백의 색깔, 단정한 굽, 가는 모래 받침들로 보아 왕실에서 사용할 고급 자기를 만들기 위해 국가에서 운영하던 경기도 광주지방의 가마에서 만들어진 듯하다. 이 도자기는 조선 전기 백자로서 백자의 계보를 파악하는데 중요한 자료가 된다.

국보 제309호
백자 달 항아리

분류	유물 / 생활공예
	토도자공예 / 백자
수량/면적	1점
소재지	서울시 용산구
	이태원로55길 60-16
시대	조선
소유	개인소장
관리	삼성미술관 리움

백자 달 항아리는 보통 높이가 40cm 이상 되는 대형으로, 둥글고 유백색의 형태가 둥근 달을 연상하게 되어 일명 '달 항아리'라고도 불린다. 조선 17세기 후기~18세기 전기의 약 1세기 동안(특히 18세기 전기 50년간) 조선왕조 유일의 관요 사옹원의 분원 백자 제작소(경기도 광주)에서 만들어진 것으로, 당시 광주지역에 산포해 있던 340여 개소의 가마 가운데 금사리 가마에서 주로 제작된 것으로 추정하고 있다.

크기가 대형인 탓에 한 번에 물레로 올리지 못하고 상하 부분을 따로 만든 후, 두 부분을 접합하여 완성한 것으로 성형과 번조가 매우 어렵다. 순백의 미와 균형감은 전 세계에서 유례를 찾아볼 수 없는 우리나라 백자의 독특하고 대표적인 형식이다.

국보 제309호 백자 달 항아리는 높이 44cm, 몸통 지름 42cm 크기에 구연부가 짧고 45° 정도 경사진 것으로 몸통의 곡선이 둥글며 매우 풍만한 형태를 하고 있다. 몸통의 중심부 이어붙인 부분에 일그러짐이 거의 없어서 측면 곡선은 거의 완전한 원을 그리고 있다. 구연부의 외반 정도와 수직 굽이 조화되어 풍만하면서 안정적이며 전반적으로 완전한 균형을 유지하고 있어 전형적인 조선 중기 백자 호의 특징을 보인다. 몸통 전면에 성형 흔적 없이 표면이 일정하게 정리되어 있어 최고 수준의 환경에서 제작되었음을 보여주며, 굽은 수직에 가깝고 깎음 새도 매우 단정하다.

보물 제523-3호
석보상절 권 11

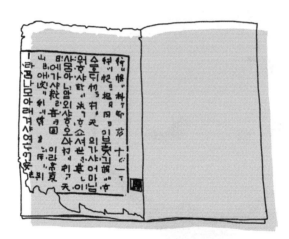

「석보상절」은 세종 28년(1446)에 소헌왕후가 죽자 그의 명복을 빌기 위해 세종의 명으로 수양대군(후의 세조)이 김수온 등의 도움을 받아 석가의 가족과 그의 일대기를 기록하고 이를 한글로 번역한 책이다.

석보상절 권 11은 전기 활자본의 복각본(한 번 새긴 책판을 그대로 본떠 다시 목판에 새겨 발행한 본)이다. 복각한 사실에 대해서는 연산군 1년(1495)에 성종의 명복을 빌기 위해 내탕금(임금이 사사로이 쓰는 돈)으로 여러 가지 불교서적을 간행했는데, 그중 「석보상절」 20부가 수록되어 있음이 「선종영가집」과 「반야심경언해」에 붙은 학조의 발문에 나타나므로 이 책이 혹 연산군 1년에 만들어진 판이 아닌가 짐작되기도 한다.

그러나 이 책은 글자새김이 거칠고 또 난외(활자판 바깥 부분)에 시주자들의 이름이 많이 새겨져 있는 점과, 종이의 질 등으로 미루어보아 연산조판으로 단정하기에는 너무 문제점이 많고, 이것은 후대에 어느 사찰에서 복각한 것인 듯싶다. 1959년 대구어문학회에서 영인본으로 간행하였다.

분류	기록유산 / 전적류
	활자본 / 금속활자본
수량/면적	1책
소재지	서울시 용산구
	이태원로55길 60-16
시대	조선
소유	개인소장
관리	삼성미술관 리움

304

보물 제555호
도기 배모양 명기

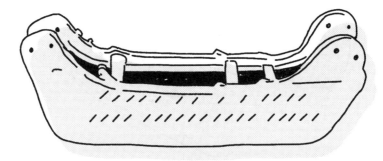

도기 배 모양 명기는 배 모양을 본 뜬 토기이다. 높이 9.1㎝, 길이 27.9㎝의 크기로 지금까지 출토된 다른 것들에 비하면 긴 편이고 바닥 또한 수평으로 길다.

전체의 모양은 거의 좌우 대칭이다. 양쪽 배 끝부분은 길게 연장 되다가 끝이 높게 들려서 반원형을 이루었다. 반원형 부분에는 구멍이 2개씩 있으며, 배 끝부분은 거의 다 부러졌지만 노를 걸 었던 꼭지가 여러 개 달려있다. 배 안에는 좌우로 앉을 자리를 마 련하고, 3곳에 칸막이가 있어서 사공이 앉아 노를 저을 수 있도록 되어 있다. 배 좌우 바깥 측면에는 지그재그형으로 반복된 점선 이 전체에 새겨져 있다. 어두운 녹갈색의 자연 유약이 선체의 양 면에 일부 씌워져 있다.

이 배 모양의 토기는 죽은 사람의 영혼을 저승으로 운반하는 신 앙의 표현으로, 무덤 속에 묻었던 의식용 그릇의 하나이다. 5~6세기 경의 작품으로 추정되며 출토지를 알 수 없으나, 고대 선박 연구에 중요한 자료가 될 것이다.

분류	유물 / 생활공예
	토도자공예 / 토기
수량/면적	1개
소재지	서울시 용산구
	이태원로55길 60-16
시대	가야
소유	개인소장
관리	삼성미술관 리움

보물 제556호
도기 신발 모양 명기

도기 신발 모양 명기는 길이 23.5㎝, 너비 6.8~7.2㎝의 토기이
다. 삼국시대 무덤에서 발견되는 금속제의 장식용 신발과 같이
죽은 사람을 매장할 때 함께 묻는 부장용 토기이지만 형태는 전
혀 다르다.

앞쪽은 코가 우뚝 들려있고, 양옆과 뒤는 수직으로 서 있다. 바닥
은 뒷굽이 없이 편평하며, 뒤쪽 위에는 턱을 만들어 벗겨지지 않
도록 하였다. 코 뒤에 작은 구멍이 하나씩 있고 좌우에도 한 짝은
4개, 다른 짝은 5개의 구멍이 나있어서 끈을 매달 수 있도록 되어
있다. 좌우 구멍 위에서 코에 걸쳐 점선으로 한쪽에는 사선, 다른
한쪽에는 물고기 뼈와 비슷한 무늬를 얕게 새겼다.

분류	유물 / 생활공예 토도자공예 / 토기
수량/면적	1쌍
소재지	서울시 용산구 이태원로55길 60-16
시대	가야
소유	개인소장
관리	삼성미술관 리움

이 신발은 무령왕릉에서 나온 금속제 신발과 달리, 당시에 실제
로 사용했던 신발을 그대로 재현하고 있는 점이 특징이다.
출토지가 분명하지 않지만 흙으로 만든 신으로는 상당히 우수한
작품일 뿐만 아니라, 고대 부장 문화의 양상을 밝혀준 점에서 중
요한 유물이다.

보물 제557호
금귀걸이

출토지 불명의 금으로 만든 귀고리로서 길이 9㎝, 큰 고리의 지름 3.6㎝이다.

큰 고리에는 금실로 거북 등 모양으로 구획한 뒤, 그 선 좌우에 금으로 만든 쌀알 같은 금립을 붙인 누금세공으로 장식하였다. 거북 등껍질의 분기점과 안쪽 중앙에 각각 금 실과 금립으로 된 원을 배치하고, 이 원을 중심으로 작은 나뭇잎 모양을 금립으로 각 모서리를 향해 6개씩 붙였다. 큰 고리에 연결되는 타원형의 중간 고리에도 음각된 무늬가 있다.

중간 고리에 걸어서 늘어뜨린 장식에는 하트 모양의 작은 장식을 여러 개 금실로 달았다. 이러한 장식이 상·하 2단으로 연결했고, 끝에는 큰 풀 열매 모양이 달렸다. 풀 열매 모양의 장식 표면에는 금립을 이용한 세공이 전체에 표현되어 있다.

이 귀고리는 누금세공으로 큰 고리의 표면 전체를 장식한 섬세함이 돋보이는 수작이다.

분류	유물 / 생활공예 금속공예 / 장신구
수량/면적	1쌍
소재지	서울시 용산구 이태원로55길 60-16
시대	신라
소유	개인소장
관리	삼성미술관 리움

보물 제558호
청자 상감운학모란국화문 매병

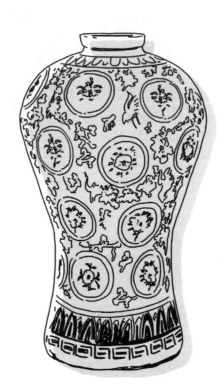

분류	유물 / 생활공예
	토도자공예 / 청자
수량/면적	1개
소재지	서울시 용산구
	이태원로55길 60-16
시대	고려
소유	개인소장
관리	삼성미술관 리움

청자상감이란 흙으로 그릇을 빚어 표면에 무늬나 그림을 새기고, 그 자리를 백토나 자토로 메운 뒤 유약을 발라 구운 후, 투명한 청자 유약을 통해 흰색 또는 검은색 무늬가 보이도록 한 것으로, 12세기 전반에 발생하여 12세기 중엽에 전성기를 이루었다.

청자 상감운학모란국화문 매병는 높이 32.2㎝, 아가리 지름 7㎝, 밑지름 14.5㎝인 이 병은 고려 시대에 많이 만들어진 상감청자 매병들에 비해, 어깨가 처져서 부드러운 느낌을 주며 밑이 넓어서 안정감이 있다. 유약은 잘 녹아서 투명하며, 색깔도 매우 아름답다. 아가리는 작고 위가 약간 바깥으로 말리면서 곧게 서 있고, 어깨에는 흑백으로 상감된 연꽃무늬를 둘렀다. 굽 위에는 번개무늬를 두르고 바로 그 윗부분에는 다시 연꽃무늬 장식을 넣었다. 그릇 몸통에는 흑백으로 된 원 안에 모란과 국화 한 가지씩을 두었고, 원 사이사이에는 구름과 학이 있다. 이 작품은 12세기 중엽에 만들어진 것으로 추정된다.

보물 제559호
채화칠기

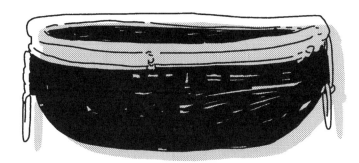

칠우란 옻칠을 한 넓은 그릇인 바리를 말한다. 칠기는 서양에서 찾아볼 수 없는 동양 특유의 공예품으로, 지금도 귀한 그릇의 대명사가 되고 있다.

채화칠기은 높이 9㎝, 구연부 지름 24㎝의 크기로 평안남도 대동군 대석암리에서 출토되었다. 안쪽에는 붉은 칠을 하고 밑바닥에 몇 개의 동심원을 그렸다. 중앙에서부터 붉은색, 청색, 녹색의 용을 그렸고, 그 위로는 검은색, 청색, 녹색의 구름을 그려 넣었다. 그릇의 구연부 주변에는 푸른색, 녹색, 황색으로 점선을 그린 후, 그 위를 동(銅)으로 덮었다.

그릇 바깥쪽에는 흑칠을 한 다음 상·중·하 3단으로 구분하였다. 윗부분에는 황색과 갈색으로 구름무늬를, 가운데에는 청색과 녹색으로 구름과 산, 짐승을 그렸고, 밑에는 구름무늬를 돌렸다. 그릇 외곽 2곳에 동으로 만든 짐승 모양의 고리를 달아 손잡이 역할을 하였고, 그릇 안쪽에 매미 모양으로 손잡이를 부착시켰다.

지금까지도 채색된 그림이 선명하고 여러 가지 색이 조화로우며, 보존 상태도 양호하여 중요한 자료로 평가받고 있다.

분류	유물 / 생활공예 칠공예 / 칠공예
수량/면적	1개
소재지	서울시 용산구 이태원로55길 60-16
시대	미상
소유	개인소장
관리	삼성미술관 리움

보물 제560호
청동 진솔선예백장 인장

청동 진솔선예백장 인장은 중국 한대 이후 이웃나라 왕에게 수여한 도장으로서, 높이 2.5㎝, 한 변 길이 2.3㎝이다. 중국 진나라 때 만든 것으로, 경상북도 영일군에서 청색의 유리옥 10개와 함께 출토되었다고 전해진다.

전면에 푸른 녹이 두껍게 덮여 있고, 도장 찍는 면(인장면)에 약간의 손상이 있어 실제로 사용된 듯 보이며, 보존 상태는 양호한 편이다.

정사각형의 인장면 위로는 원숭이 모양의 동물이 손잡이 구실을 하고 있다. 꼿꼿이 세운 얼굴에는 두 눈이 움푹 패어있고, 입은 앞으로 튀어나와 있다. 인장을 밟고 있는 4발 가운데 앞발은 조금 움츠린 듯하고, 앞발과 뒷발 사이의 허리 아래로는 빈 공간을 두었다. 특히 허리부터 허벅지까지 이어진 곳에는 짧은 가로선들이 여러 개 음각되어 있다. 인장면 바닥에는 '晋率善濊伯長(진솔선예백장)'이라고 예서체로 음각되어 있다.

분류	유물 / 생활공예
	금속공예 / 생활용구
수량/면적	1개
소재지	서울시 용산구
	이태원로55길 60-16
시대	미상
소유	개인소장
관리	삼성미술관 리움

보물 제570호
전 고령 일괄 유물

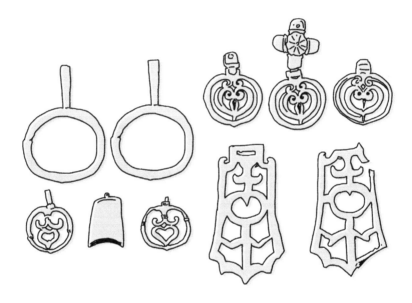

전 고령 일괄 유물은 경상북도 고령 지방 고분에서 출토되었다고
전해지는 2종류의 일괄 유물이다. 고령 지방은 삼국시대에 대가
야국의 근거지였으며, 신라 진흥왕 23년(562) 신라의 침입에 의
해 정복되기까지 화려한 가야 문화를 꽃피웠던 곳이다. 오늘날 고
령읍 지산동을 비롯하여 주변 지역에 가야의 무덤이 많이 모여 있
다. 이 일괄 유물은 당시 가야 문화를 이해하는데 있어서 매우 중
요한 유품이라 하겠다.

분류	유물 / 생활공예 토도자공예 / 토기
수량/면적	일괄
소재지	서울시 용산구 이태원로55길 60-16
시대	가야
소유	개인소장
관리	삼성미술관 리움

보물 제569-3호
안중근 의사 유묵-
연년세세화상사
세세연년인부동
—

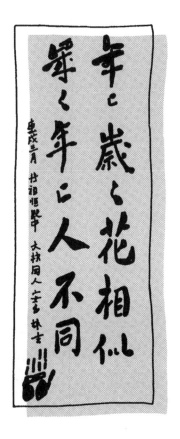

분류	기록유산 / 서간류
	서예 / 서예
수량/면적	1점
소재지	서울시 용산구
	이태원로55길 60-16
시대	대한제국
소유	개인소장
관리	삼성미술관 리움

연년세세화상사 세세연년인부동
해마다 꽃은 서로 비슷한데,
해마다 사람 모습은 같지 않네.

안중근 의사 유묵-연년세세화상사세세연년인부동은 안중근(1879~1910) 의사가 1909년 10월 26일 만주 하얼빈 역에서 조선 침략의 원흉 이토 히로부미를 사살한 뒤 뤼순감옥에서 1910년 3월 26일 사망하기 전까지 옥중에서 휘호한 유묵을 일괄·지정한 것 중의 하나이다. 일괄 지정된 이 작품들은 1910년 2월과 3월에 쓴 것으로 글씨 좌측에 "경술이(삼)월, 어여순옥중, 대한국인안중근서"라고 쓴 뒤 손바닥으로 장인을 찍었다. 유묵 대부분은 당시 검찰관, 간수 등 일본인에게 써준 것들이다. 그중 제569-21호는 러일전쟁 때 종군했다가 전쟁이 끝난 뒤 뤼순감옥에서 근무했던 사람[오리타타다스]이 받은 것으로, 8·15 광복으로 그의 가족들이 일본으로 귀국할 때 조카[오리타간지]에게 넘겨주었고, 그것이 1989년 2월 20일 단국대학교에 기증되었다. 또 569-25호는 안의사 수감 당시 뤼순감옥에서 경관을 지냈던 이의 손자[야기마사즈미]가 2002년 10월에 안중근 의사 숭모회에 기증한 것이다. 또 제569-22, 23호는 앞쪽에 "야스오까 검찰관에게 증여한다"라고 적었듯이 당시 관련했던 검찰관에게 써준 것이다.

보물 제569-17호
안중근 의사 유묵-인지당

「안중근의사유묵-인지당」은 안중근(1879~1910) 의사가 1909년 10월 26일 만주 하얼빈 역에서 조선 침략의 원흉 이토 히로부미를 사살한 뒤 뤼순감옥에서 1910년 3월 26일 사망하기 전까지 옥중에서 휘호한 유묵을 일괄·지정한 것 중의 하나이다. 일괄 지정된 이 작품들은 1910년 2월과 3월에 쓴 것으로 글씨 좌측에 "경술이(삼)월, 어여순 옥중, 대한국인안중근서"라고 쓴 뒤 손바닥으로 장인을 찍었다.

글씨 내용은 『논어』·『사기』 구절 등 교훈적인 것이 많으며, 자신의 심중을 나타낸 것, 세상의 변함을 지적한 것, 일본에 경계하는 것, 이 밖에 어떤 사람의 당호를 써준 것 등이다.

유묵 대부분은 당시 검찰관, 간수 등 일본인에게 써준 것들이다.

분류	기록유산 / 서간류
	서예 / 서예
수량/면적	1점
소재지	서울시 용산구
	이태원로55길 60-16
시대	대한제국
소유	개인소장
관리	삼성미술관 리움

보물 제577호
분청사기 상감'정통 5년'명
어문 반형 묘지

분청사기 상감'정통 5년'명 어문 반형 묘지는 고려 말 쇠퇴기에 접어든 청자에 그 기원을 두고 있는데, 조선 초에서 임진왜란 전까지 약 200년간 만들어진 자기류의 하나이다.

높이 9.4㎝, 입지름 35.8㎝, 밑지름 13㎝인 이 그릇의 가장자리 끝부분은 위쪽을 향하여 살짝 올라갔으며, 안쪽 바닥에는 이중으로 원을 돌렸는데, 그 안에 흰색의 꽃무늬를 상감기법으로 그려 넣었다.

3갈래의 가지가 바닥의 넓적한 부분을 자연스럽게 3부분으로 나누었고, 그 사이사이에 같은 방향으로 헤엄치는 물고기 한 마리씩을 상감하였다. 물고기의 윤곽과 비늘 등은 흰색으로 나타냈고, 눈 부분만 검게 나타냈다. 유약의 색깔은 청록색에 가깝다.

이 그릇은 죽은 사람의 생애를 기록해 무덤 옆에 파묻는 묘지를 겸한 분청사기이다. 그릇 가장자리에는 이 그릇의 제작 연대가 세종 22년(1440)임을 알 수 있는 글이 있어 중요한 역사적 자료가 되고 있다.

분류	유물 / 생활공예 토도자공예 / 분청
수량/면적	1개
소재지	서울시 용산구 이태원로55길 60-16
시대	조선
소유	개인소장
관리	삼성미술관 리움

보물 제593호
이상좌불화첩

이상좌불화첩은 조선 전기 화가인 이상좌(1465~?)가 그린 여러
가지 불상 그림을 모은 가로 31.1㎝, 세로 50.7㎝의 그림책이다.
이상좌는 노비 출신이었으나 그림을 잘 그려 그림을 담당한 관청
인 도화서의 화원이 되었는데, 특히 인물화를 잘 그렸다.

부처의 설법을 듣고 성자가 된 나한을 그린 이 화첩의 그림들은
종이 바탕에 채색 없이 묵선만으로 그린 것이다. 나한의 머리 위
에 번호가 있는 것으로 보아 16나한을 그린 듯하지만 현재 5점만
이 남아있다. 이 그림들은 비록 밑그림으로 사용하기 위해 만들었
지만, 붓놀림이 활발하고 유려한 필치로 인물을 잘 표현하고 있다.
얼굴은 가는 선으로 섬세하게 표현하였고, 옷은 가는 선과 굵은
선을 적당히 사용하였다.

이 화첩은 조선 전기 뛰어난 화가 이상좌의 화풍을 볼 수 있는 것
으로, 조선 전기 인물화에 사용된 화법을 연구하는데 좋은 자료
로서 그 가치가 크다.

분류	기록유산 / 전적류
	전적류 / 전적류
수량/면적	1책
소재지	서울시 용산구
	이태원로55길 60-16
시대	조선
소유	개인소장
관리	삼성미술관 리움

보물 제776호
환두대도

환두대도란 칼의 손잡이 끝부분에 둥근 고리가 있는 고릿 자루 칼로서, 삼국시대 무덤에서 주로 출토된다. 고리 안에는 여러 가지 장식이 들어가는데, 이것은 이 칼을 사용한 사람의 신분을 나타내 준다. 그 가운데 용이 조각된 것은 가장 높은 신분에서 사용하였다.

환두대도는 금으로 된 칼의 손잡이 부분과 철로 된 칼날 부분으로 구성되어 있다. 현재 떨어져 있으나 원래 같이 붙어 있었다. 손잡이 부분은 표면 전체에 서로 엉킨 두 마리의 용이 조각되어 있다. 고리 안에도 두 마리 용이 조각되어 있으며, 용의 눈은 옥으로 장식되어 있다. 칼날 부분은 철제 부분만 남아 있으나, 원형이 잘 보존되어 있는 편이다.

분류	유물 / 생활공예
	금속공예 / 장신구
수량/면적	1개
소재지	서울시 용산구
	이태원로55길 60-16
시대	고구려
소유	개인소장
관리	삼성미술관 리움

환두대도는 주로 신라의 무덤에서 출토되었는데, 용무늬가 호화스러운 점에서 사용자의 신분이 매우 높은 귀족이었음을 짐작하게 해 준다.

보물 제777호
금동 자물쇠 일괄

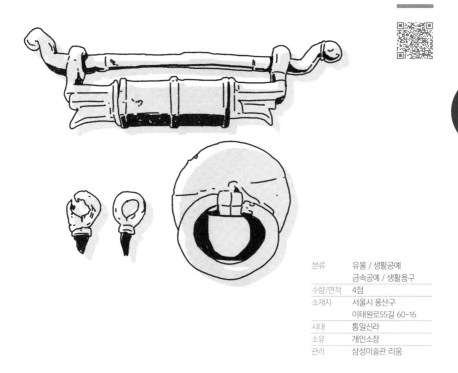

분류	유물 / 생활공예
	금속공예 / 생활용구
수량/면적	4점
소재지	서울시 용산구
	이태원로55길 60-16
시대	통일신라
소유	개인소장
관리	삼성미술관 리움

금동 자물쇠 일괄 유물은 통일신라시대의 금동 빗장 1점, 금동 문고리 1점, 금동 못 2점으로 구성된 출토품이다. 빗장의 길이는 26cm, 문고리 길이 10.5㎝, 못 길이 4.9㎝의 크기이다.

금동 빗장은 보존 상태가 양호하고 도금도 잘 남아있는데, 이처럼 금동 빗장과 문고리 등이 함께 출토된 예는 극히 드문 편으로, 탑과 부도에 새겨진 문짝 장식에서만 볼 수 있었던 통일신라시대의 문짝 형식을 새롭게 밝혀준 귀중한 자료이다. 빗장은 왼쪽 부분에서 분리 접합할 수 있도록 만들었고, 열쇠 구멍도 왼쪽 옆에 뚫려 있다. 문고리는 둥글고 고리판 역시 둥글게 만들어져 있다. 못은 고리로 된 머리 부분과 짧은 목 아래로 박히는 뾰족한 부분으로 구성되어 있다. 문고리 전면에 장식된 무늬는 매우 유려하고 섬세하여 뛰어난 통일신라의 공예 기술을 보여 주고 있다.

빗장의 형태가 옆으로 길며, 장식이 단순하고 끝이 살짝 반전된 비녀 모양 장식 등으로 미루어 볼 때 통일신라 중기경에 제작된 것이라고 여겨진다. 통일신라시대 금동 빗장의 실물 자료로는 유일한 것으로서 전각등에 사용되었던 것으로 짐작된다.

보물 제778호
청동은입사포류수금문향완

분류	유물 / 불교공예
	공양구 / 공양구
수량/면적	1점
소재지	서울시 용산구
	이태원로55길 60-16
시대	고려
소유	개인소장
관리	삼성미술관 리움

향로란 절에서 의식을 행하거나 불단 위에 올려놓고 향을 피우는데 사용된 공양 구이다. 특히 이처럼 완형의 몸체이며 나팔형으로 벌어진 다리와 원반형 받침을 지닌 형태를 향완이라 하였다.

청동은입사포류수금문향완은 전면 금속의 표면에 홈을 파서 가는 은선을 넣어 무늬를 나타내는 은 입사 기법으로 문양을 표현하였다. 이러한 기법으로 장식하는 것은 고려 시대의 향완 및 금속기에서 많이 보이는 특징이다. 크기는 높이 30.4㎝, 입지름 27.5㎝, 밑지름 22.3㎝이다. 향로 몸체에는 버드 나무 아래에 물오리가 헤엄치는 물가의 풍경을 묘사한 포류수금문이 새겨 있다. 또한 연꽃무늬를 갖춘 위패형의 장식이 있고, 그 안에 5행 34자의 글이 입사 기법으로 새겼다. 그러나 그 내용에서 향완의 제작 시기를 알 수는 없다. 향로 받침대 위쪽에는 연꽃무늬가 있고, 나팔 모양의 받침대에는 덩굴 늬가 있으며, 바닥 부분에는 구름무늬가 새겨 있다. 포류수금문은 고려 시대 상감청자나 금속으로 된 정병류에서 주로 사용된 문양이지만, 향완에서는 나타나지 않는 무늬라는 점에서 이 향완의 가치가 높다.

보물 제779호
금동여래입상

분류	유물 / 불교조각
	금속조 / 불상
수량/면적	1구
소재지	서울시 용산구
	이태원로55길 60-16
시대	삼국
소유	개인소장
관리	삼성미술관 리움

금동여래입상은 호암 미술관에 소장되어 있으며 보존 상태가 양호한 높이 25.4cm의 통일신라시대 불상이다.

머리에는 작은 소라 모양의 머리칼을 붙여 놓았고 그 위로는 상투 모양의 큼직한 머리 묶음이 솟아있다. 둥근 얼굴에는 눈·코·입 등이 날카롭게 표현되어 근엄한 인상을 풍긴다. 옷은 양 어깨에 두껍게 걸쳐 입고 있으며 U자형으로 넓게 드러난 가슴 안에는 속옷이 표현되었다. 양 다리에 표현된 옷 주름은 U자형으로 흐르면서 다리의 윤곽을 드러내고 있다. 손은 오른손을 손가락을 편 채 밖을 향하게 하고 왼손은 반대로 아래를 향하고 있다. 불상이 서 있는 대좌는 연꽃이 새겨진 8각이며, 하대에는 귀꽃이 높게 솟아 있다.

보물 제780호
금동보살입상

분류	유물 / 불교조각
	금속조 / 불상
수량/면적	1구
소재지	서울시 용산구
	이태원로55길 60-16
시대	삼국
소유	개인소장
관리	삼성미술관 리움

금동보살입상은 호암 미술관에 있는 높이 28cm의 보살상으로 목의 일부는 수리하였고 오른손은 없어졌지만 조형미가 아름다운 금동보살상이다.

머리는 큼직하게 묶어 올렸고, 관의 일부와 그것을 끼운 자국이 남아있다. 얼굴에는 부드러운 미소를 띠고 있으며, 귀는 어깨까지 길게 내려와 있다. 신체는 발달한 가슴 잘록하고 유연한 허리, 늘씬한 하체 등으로 인하여 우아하고 세련된 조형성을 보인다. 옷은 물결무늬를 이루고, 하체의 옷은 얇아서 두 다리의 윤곽이 뚜렷하며 긴 타원형의 주름이 표현되어 있다. 인체 비례가 매우 시원스럽고 표정도 부드러운 7세기에 만들어진 뛰어난 작품이다.

보물 제781호
금동용두토수

토수란 지붕의 추녀나 사래 끝이 비바람에 부식되는 것을 막기
위해 끼우는 용머리형의 기와이다. 높이 30.5㎝, 길이 35.2㎝의
이 토수는 목 부분을 방형으로 절단하고, 그 속을 비워 나무를 끼
울 수 있게 하였고, 나무를 고정시키기 위해 못 구멍 좌우에 각각
2개씩 뚫었다. 전체를 도금하였으나 현재는 대부분 탈락되었다.

용은 눈을 크게 부릅뜨고 있으며, 뭉툭한 윗이빨이 아랫입술 위
로 돌출되어 있다. 코는 짧게 처리했고 약간 불거져 나온 눈동자
를 2단으로 만들어 생동감 있게 처리하였다. 눈 위로 돌출된 눈
썹은 각을 이루며 끝부분을 뒤쪽으로 흩날리듯 뾰족하게 조각하
였다. 이마 정수리에 높게 솟은 뿔은 뒤쪽으로 길게 뻗어가다 끝
부분이 앞으로 둥글게 말린 고사리 형태를 하고 있다. 금동용두
토수는 안압지 금동제 용두나 경상북도 영주 출토 금동용두보당
과 비교하면 사실적인 면이나 역동감이 부족한 느낌이 든다. 세
부 장식 표현이 생략되었고 코가 짧고 뭉툭하여, 용보다는 거북
이 머리에 가깝게 표현된 점에서 통일신라 또는 고려 초기에 만
든 것으로 생각된다.

분류	유물 / 생활공예 금속공예 / 장신구
수량/면적	1점
소재지	서울시 용산구 이태원로55길 60-16
시대	통일신라
소유	개인소장
관리	삼성미술관 리움

보물 제782호
김홍도필 병진년 화첩

분류	유물 / 일반회화
	풍속화 / 풍속화
수량/면적	2첩(20면)
소재지	서울시 용산구
	이태원로55길 60-16
시대	조선
소유	개인소장
관리	삼성미술관 리움

김홍도필 <병진년 화첩>은 조선 후기의 화가 단원 김홍도(1745 ~?)가 그린 산수화와 풍속화 등을 모은 화첩이다. 김홍도는 산수화와 인물화, 신선화와 풍속화 등을 모두 잘 그려서 풍속화에서는 새로운 경지를 개척하였고, 산수화와 화조화 등에서는 자기만의 뚜렷한 화풍을 이룩했다.

총 20면으로 된 이 화첩에 있는 각 그림의 크기는 가로 36.6cm, 세로 26.7cm 정도이고, 그림은 종이에 먹으로 그린 후 엷게 색칠하였다. 한지에 그린 그림을 두껍고 빳빳한 양지에 붙여 10면을 1첩으로 하여 2첩을 한 갑에 넣어 1면씩 열어 볼 수 있도록 만들었다.

단양 8경의 하나인 사인암을 그린 것으로 추정되는 산수화에도 그의 특색이 잘 나타나는데 바위산의 모습을 근접한 시점에서 화면 가득히 배치하여 그 위용을 잘 나타내고 있으며 농도와 크기를 달리하는 점과 선들을 자유롭게 사용하여 화면에 강약과 변화를 주고 있다.

김홍도가 51세 때인 정조 20년(1796)에 그린 것으로 단원 화풍의 연구에 귀중한 자료가 된다.

보물 제783호
김시필 동자견려도

분류	유물 / 일반회화
	풍속화 / 풍속화
수량/면적	1폭
소재지	서울시 용산구
	이태원로55길 60-16
시대	조선
소유	개인소장
관리	삼성미술관 리움

김시필 동자견려도는 조선 중기의 화가 김시(1524~1593)의 산
수 인물화로 가로 46cm, 세로 111cm의 크기이며 대각선 구도를 사
용하여 비단에 채색하여 그린 것이다. 김시는 「용천담적기」의 저
자 김안로(1481~1537)의 아들로서 독서와 서화로 일생을 보낸
선비화가이다.

이 그림은 통나무 다리를 사이에 두고 건너지 않으려고 버티는
나귀의 고삐를 억지로 잡아끌고 있는 동자의 모습을 생생하게 묘
사하였다. 화면 왼쪽에 날카롭고 각지게 표현된 가지와 뾰족한
잎을 지닌 소나무가 화면 아래에서 위 주봉까지 치솟아 그림의
여백을 메우고 있다. 뒤편으로는 비스듬히 치솟아 있는 주봉을
흑백 대비가 심한 묵법과 도끼로 찍어 생기는 단면의 모양과 비
슷한 부벽준 기법을 사용하여 나타내었다.

확실한 제작 연대는 알 수 없으나, 16세기 후반경에 그려진 것으
로 추측되는 이 그림은 전체적으로 소나무와 바위의 그림으로 인
하여 왼쪽으로 치우친 구도를 나타내고 있으며 나무 및 바위의
묘사 등에서 절파 화풍의 특징을 찾아 볼 수 있다.

보물 제784호
지장도

분류	유물 / 불교회화
	탱화 / 보살도
수량/면적	1폭
소재지	서울시 용산구
	이태원로55길 60-16
시대	고려
소유	개인소장
관리	삼성미술관 리움

지장도는 지옥의 고통에서 허덕이는 중생들을 극락세계로 인도해 준다는 보살인 지장보살을 그린 지장도이다. 지장을 그린 그림에는 일반적으로 지옥의 문전을 지키는 호법신이나 심판관들의 모습이 나타나는데, 이 그림에서도 지장을 본존으로 삼고 이들을 좌우 대칭으로 4구씩 세웠다.

8구의 인물들은 본존에 비해 크기가 작고 아래쪽에 배열되어 전형적인 고려 시대의 2단 구조를 보여 주고 있다. 본존 밑에 있는 사천왕 사이로 보이는 2보살은 호법신인 제석과 범천으로 조선시대에도 이들은 보살 모습으로 자주 표현되고 있다. 지장은 머리에 두건을 쓰고, 오른손은 어깨 높이까지 올려 투명한 여의주를 쥐고, 가슴 가운데 장식이 있는 목걸이와 화려한 옷차림을 하고 있다. 모든 인물들은 둥근 머리 광배를 가지고 있는데, 지장은 머리 광배 뒤에 다시 큰 원형의 광배를 나타내어 2중 광배를 이루고 있어 특징적이다. 다른 고려 불화보다 조금 무거운 느낌을 주지만 부드럽고 섬세한 필치와 정교한 채색으로 뛰어난 고려 불화의 기법을 볼 수 있는 작품이다.

보물 제785호
백자 청화운룡문 병

분류	유물 / 생활공예
	토도자공예 / 백자
수량/면적	1개
소재지	서울시 용산구
	이태원로55길 60-16
시대	조선
소유	개인소장
관리	삼성미술관 리움

백자 청화운룡문 병은 조선시대 만들어진 높이 5.3㎝, 아가리 지름 5.3㎝, 밑지름 7.7㎝의 병으로 청화백자운룡문병(보물 제786호)과 한 쌍으로 발견되었다.

아가리는 밖으로 약간 벌어지고 몸체 아래쪽이 풍만하며, 목이 조금 길어 날렵하면서도 단아한 모양을 보이는 병으로, 궁중의 연례에 사용된 술병으로 보인다. 몸통 전면에 구름 속에서 3개의 발톱을 세우고 수염을 나부끼면서 여의주를 잡으려는 용을 그렸다. 이런 유형의 그림은 중국 명나라 전기 청화백자의 용 무늬에서 따 온 것으로, 조선 중기 이후에 나타나는 표현과는 달리 매우 사실적이다. 다른 문양은 없이 굽다리 부분에만 한 줄의 가로줄을 돌려 마감하였다. 청화백자 중 용 무늬가 있는 유일한 예로 16세기 전반의 작품으로 추정되며 경기도 광주의 국가에서 운영하는 가마에서 만들어진 것으로 보인다. 이 백자는 조선 초기의 전형적인 백자로서 도자기 연구에 중요한 자료이다.

보물 제787호
분청사기 철화어문 항아리

분류	유물 / 생활공예
	토도자공예 / 분청
수량/면적	1개
소재지	서울시 용산구
	이태원로55길 60-16
시대	조선
소유	개인소장
관리	삼성미술관 리움

분청사기 철화어문 항아리는 조선시대 만들어진 높이 27㎝, 아가리 지름 15㎝, 밑지름 9.8㎝의 항아리이다. 어깨는 서서히 벌어져 몸체 윗부분에 중심이 있으며, 다시 좁아져 작고 나지막한 굽이 받치고 있는 아담한 형태를 하고 있다. 아가리 부분의 안쪽에 덩굴무늬를, 굽다리에는 연꽃무늬로 띠를 둘렀으며, 몸체 전면은 귀얄 이란 붓으로 백토를 발랐다.

짙은 검은색 안료를 사용하여 어깨에는 간략한 풀 무늬를, 몸통 아랫부분에는 큼직하고 특이한 연꽃무늬를 듬성듬성 넣었다. 몸통 중심에는 사실적으로 그린 물고기 2마리와 연꽃을 인화, 상감, 철화의 수법으로 자유롭게 표현하였다. 회청색의 밝은 광택이 흐르는 이 항아리는 지금까지 알려진 분청사기 가운데 가장 다양한 장식 수법을 보여 주고 있다. 사실적이고도 대범하게 나타낸 연꽃과 물고기의 표현은 뛰어난 예술적 품격을 지니고 있으며, 도자기 연구에도 중요한 자료가 되고 있다.

보물 제788호
백자 청화잉어문 항아리

분류	유물 / 생활공예
	토도자공예 / 백자
수량/면적	1개
소재지	서울시 용산구
	이태원로55길 60-16
시대	조선
소유	개인소장
관리	삼성미술관 리움

청화백자는 14세기 전반에 중국의 원나라에서 처음 개발되었으며, 백자의 표면에 그려진 푸른색의 그림이 마치 수묵화 같은 정취를 지니고 있다. 우리나라에서도 15세기 중엽에는 이 자기가 만들어지기 시작했으며, 사실적 화풍을 특징으로 한다.

백자 청화잉어문 항아리는 높이 24.7㎝, 아가리 지름 8.1㎝, 밑지름 12.4㎝로 아가리가 안으로 휘어 그리 넓지 않다. 어깨는 풍만하게 시작되어 몸통 아래에 이르러 좁아졌다가, 굽다리 부분에 이르면 다시 벌어지는 조선 초기의 특징을 하고 있다. 몸통에는 꽃으로 마름모꼴 둘레를 만들었고, 그 안에 물고기를 실감 나게 그려 넣었다. 잉어와 송사리가 물풀 사이를 헤엄치는 물속의 광경과 꽃 둘레 바깥으로 연꽃 덩굴무늬를 꽉 차게 그려 넣은 것이, 중국 명나라의 청화백자가 보여주는 구성과 같다. 유색은 푸른빛이 서린 회백색이며 항아리의 벽은 다소 두꺼운 편이다.

코발트색을 내는 청화 안료의 농담을 적절히 구사하여 한층 회화적인 맛을 더한 이 백자는, 경기도 광주 일대의 국가가 관리하는 가마에서 만들었을 것으로 짐작되며, 조선 초기의 회화성이 뛰어난 작품이다.

보물 제789호
청자 쌍사자형 베개

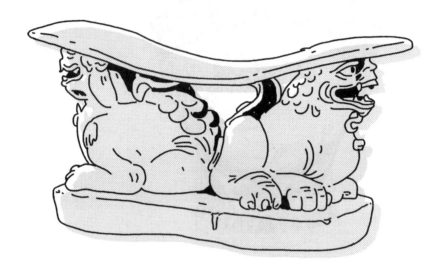

청자 쌍사자형 베개는 고려 중기에 만들어진 청자 베개로 높이 10.5㎝, 길이 21.8㎝, 너비 8.2㎝이다. 모서리를 둥글게 깎은 직사각형의 판위에, 두 마리의 사자가 서로 꼬리를 맞대고 머리로 베개 위판을 받치고 있는 모양이다. 사자는 각각 암수를 나타낸 것으로 보이며, 눈은 검은색 안료로 점을 찍어 생생하게 표현했다. 베개 위판은 연잎을 형상화했으며, 잎맥이 예리하게 새겨져 있다. 표면은 맑은 비췻빛 광택이 흐르고 부드러우며 은은한 색조를 띤다.

12세기 전반에 전라남도 강진군 대구면 사당리 일대 가마에서 만들어진 것으로 보인다.

분류	유물 / 생활공예 토도자공예 / 청자
수량/면적	1개
소재지	서울시 용산구 이태원로55길 60-16
시대	고려
소유	개인소장
관리	삼성미술관 리움

보물 제927호
금동관음보살입상

분류	유물 / 불교조각
	금속조 / 보살상
수량/면적	1점
소재지	서울시 용산구
	이태원로55길 60-16
시대	통일신라
소유	개인소장
관리	삼성미술관 리움

금동으로 제작된 관음보살상이다. 관음보살은 부처의 자비로움을 상징하는 보살로서 중생들이 이름을 외우기만 해도 고통으로부터 구제된다고 한다.

머리에는 높직한 보관을 쓰고 있으며 보관의 정면에 관음보살의 징표인 작은 부처 1구가 새겨져 있고, 왼손에는 정병을 들고 있다. 얼굴은 약간의 손상이 있으나 원만하면서도 입가에 미소를 머금고 있어 조용한 가운데 자비가 넘치고 있다. 신체는 발달한 가슴 잘록하고 유연한 허리, 늘씬한 하체 등으로 인하여 우아하고 세련된 조형성을 보인다. 목걸이에 달린 장식과 어깨에서 발까지 길게 드리워진 구슬 장식이 함께 어울려 보살을 더욱 화려하게 만들고 있다. 물결치듯 흘러내린 옷자락은 U자형의 옷 주름과 함께 생동감을 더하고 있다. 이 보살상의 가장 큰 조형적 특징은 허리를 약간 비틀고 있는 삼굴 자세로, 통일신라 불상의 특징을 잘 표현하고 있다. 몸 위에 걸쳐진 화려한 장신구들과 삼굴 자세는 불상조각의 극치를 이루고 있다.

보물 제1025호
청자 복숭아모양 연적

고려 시대 복숭아 모양을 본떠서 만든 상형 청자의 일종으로 크기는 높이 8.6㎝, 폭 9.6㎝ × 7.1㎝이다.

잘 익은 복숭아를 보는 듯하며 몸통에 잎이 붙은 복숭아 나뭇가지를 뒤쪽에 붙이고, 앞쪽에는 나뭇잎 2개를 둥글게 맞붙여 잎으로 만들었다. 몸통 뒷면 가운데에 기다란 홈을 내어 복숭아의 질감을 생생하게 살렸고 잎맥은 가는 음각선으로 처리하였다. 자연스럽고 사실적인 수법으로 단순한 모양의 복숭아를 실물과 똑같이 만들면서, 잎과 나뭇가지를 이용하여 연적으로 사용할 수 있게 창의력을 살린 솜씨가 뛰어나다. 유색은 미세한 기포가 많은 아름다운 비취색으로, 복숭아 형태를 따라 자연스럽게 얇거나 두껍게 발라져 있어 더욱 생동감을 준다.

고려 시대 청자연적 가운데 유일하게 전해오는 복숭아 모양의 연적으로 모양도 우수할 뿐 아니라, 조선 후기에 성행한 백자 도형 연적의 전신이 되는 셈이어서 더욱 흥미로운 작품이다.

분류	유물 / 생활공예 토도자공예 / 청자
수량/면적	1점
소재지	서울시 용산구 이태원로55길 60-16
시대	고려
소유	개인소장
관리	삼성미술관 리움

보물 제1036호
청자 상감앵무문
표주박모양 주전자

분류	유물 / 생활공예
	토도자공예 / 청자
수량/면적	1점
소재지	서울시 용산구
	이태원로55길 60-16
시대	고려
소유	개인소장
관리	삼성미술관 리움

고려 시대 만들어진 표주박 모양의 청자 주전자로 높이 26㎝, 아가리 지름 3.7㎝, 밑지름 7.8㎝, 뚜껑 높이 4.8㎝이다. 뚜껑에는 덩굴무늬의 고리가 붙어있고, 위로 뚫린 아가리는 뚜껑을 끼워 넣도록 안으로 단이 지어져 있으며, 윗부분이 볼록한 모습이다. 위쪽 박과 아래쪽 박 사이의 허리 부분에는 양각의 도드라진 띠가 둘러져 있고, 아래쪽 박은 밑으로 약간 처진 형태이다. 유약은 약간 어두운 담녹색을 띠고 있고, 윗부분은 부분적으로 담황갈색을 띤다. 마개에는 연꽃무늬가 새겨 있고, 표주박 위쪽의 마개가 덮이는 부분에는 구름무늬 비슷한 모양이 새겨져 있다. 아랫부분의 박에는 중앙의 전면에 꽉 들어차는 원을 백토와 자토로 상감하고, 그 안에 한 쌍의 앵무새가 있고 앵무새 사이에는 구름을 백토로 상감하였다. 물을 따르는 주구 부분과 손잡이 아래에는 각각 연잎 무늬와 버들가지 무늬를 새겼다. 앵무새 무늬는 대체로 12세기 대접의 안쪽 면이나 합의 뚜껑 위쪽에 새기는 것이 일반적이다. 그러나 이 경우 아래쪽 박에 앵무새 무늬를 상감기법으로 새겼다. 이 주전자는 12세기의 작품으로 매우 희귀한 양식을 지니고 있다.

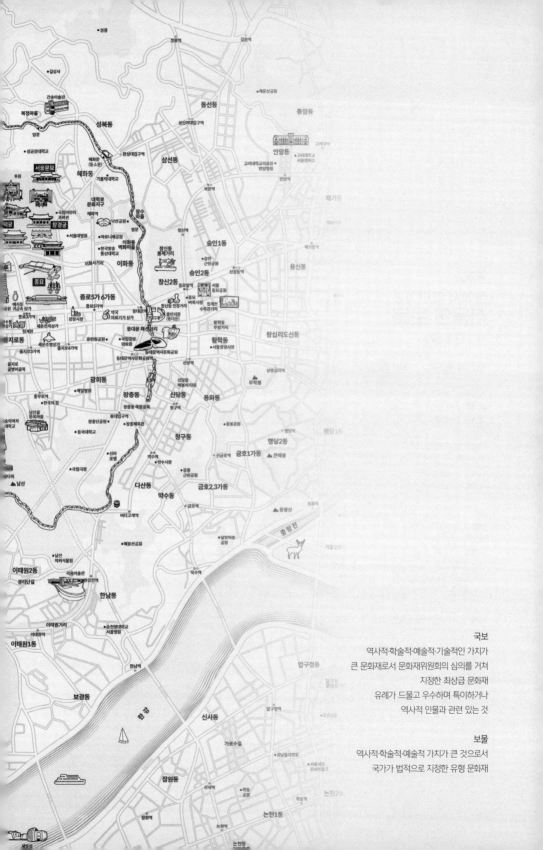

국보
역사적·학술적·예술적·기술적인 가치가
큰 문화재로서 문화재위원회의 심의를 거쳐
지정한 최상급 문화재
유례가 드물고 우수하며 특이하거나
역사적 인물과 관련 있는 것

보물
역사적·학술적·예술적 가치가 큰 것으로서
국가가 법적으로 지정한 유형 문화재

집에서 찾아가는
서울의 보물
서울 한양도성 보물집

초판 1쇄 펴낸 날 | 2020년 9월 25일

지은이 | 권동현
펴낸이 | 홍정우
펴낸곳 | 브레인스토어

책임편집 | 박진홍
편집진행 | 양은지
디자인 | 이유정
마케팅 | 김에너벨리

주소 | (04035) 서울특별시 마포구 양화로 7안길 31(서교동, 1층)
전화 | (02)3275-2915~7
팩스 | (02)3275-2918
이메일 | brainstore@chol.com
블로그 | https://blog.naver.com/brain_store
페이스북 | https://www.facebook.com/brainstorebooks
인스타그램 | https://www.instagram.com/brainstore_publishing

등록 | 2007년 11월 30일(제313-2007-000238호)

© 브레인스토어, 권동현, 2020
ISBN 979-11-88073-57-3 (03910)

이 도서의 국립중앙도서관 출판예정도서목록(CIP)은 서지정보유통지원시스템 홈페이지
(http://seoji.nl.go.kr)와 국가자료종합목록 구축시스템(http://kolis-net.nl.go.kr)에서 이용
하실 수 있습니다. (CIP제어번호 : CIP2020037481)